PEDAGOGIA HOSPITALAR
OS DESAFIOS DE EDUCAR

Editora Appris Ltda.
1.ª Edição - Copyright© 2024 da autora
Direitos de Edição Reservados à Editora Appris Ltda.

Nenhuma parte desta obra poderá ser utilizada indevidamente, sem estar de acordo com a Lei nº 9.610/98. Se incorreções forem encontradas, serão de exclusiva responsabilidade de seus organizadores. Foi realizado o Depósito Legal na Fundação Biblioteca Nacional, de acordo com as Leis nos 10.994, de 14/12/2004, e 12.192, de 14/01/2010.

Catalogação na Fonte
Elaborado por: Josefina A. S. Guedes
Bibliotecária CRB 9/870

O482p
2024

Oliveira, Luana Antunes Garcia de
    Pedagogia hospitalar: os desafios de educar / Luana Antunes Garcia de Oliveira. – 1. ed. – Curitiba: Appris, 2024.
    84 p. ; 21 cm.

    Inclui referências.
    ISBN 978-65-250-5626-5

    1. Escolas hospitalares. 3. Pacientes hospitalizados – Educação. 3. Inclusão escolar. I. Título.

CDD – 371.91

Appris
editora

Editora e Livraria Appris Ltda.
Av. Manoel Ribas, 2265 – Mercês
Curitiba/PR – CEP: 80810-002
Tel. (41) 3156 - 4731
www.editoraappris.com.br

Printed in Brazil
Impresso no Brasil

LUANA ANTUNES GARCIA DE OLIVEIRA

PEDAGOGIA HOSPITALAR
OS DESAFIOS DE EDUCAR

FICHA TÉCNICA

EDITORIAL	Augusto Coelho
	Sara C. de Andrade Coelho
COMITÊ EDITORIAL	Marli Caetano
	Andréa Barbosa Gouveia (UFPR)
	Jacques de Lima Ferreira (UP)
	Marilda Aparecida Behrens (PUCPR)
	Ana El Achkar (UNIVERSO/RJ)
	Conrado Moreira Mendes (PUC-MG)
	Eliete Correia dos Santos (UEPB)
	Fabiano Santos (UERJ/IESP)
	Francinete Fernandes de Sousa (UEPB)
	Francisco Carlos Duarte (PUCPR)
	Francisco de Assis (Fiam-Faam, SP, Brasil)
	Juliana Reichert Assunção Tonelli (UEL)
	Maria Aparecida Barbosa (USP)
	Maria Helena Zamora (PUC-Rio)
	Maria Margarida de Andrade (Umack)
	Roque Ismael da Costa Güllich (UFFS)
	Toni Reis (UFPR)
	Valdomiro de Oliveira (UFPR)
	Valério Brusamolin (IFPR)
SUPERVISOR DA PRODUÇÃO	Renata Cristina Lopes Miccelli
PRODUÇÃO EDITORIAL	William Rodrigues
REVISÃO	Simone Ceré
DIAGRAMAÇÃO	Renata Cristina Lopes Miccelli
CAPA	Kananda Ferreira
REVISÃO DE PROVA	William Rodrigues

A meus pais e filhas, pelo incentivo, apoio e atenção e ao meu amor, pela compreensão nas horas de ausência. Obrigada, meus amores.

AGRADECIMENTOS

Agradeço a você, em especial, que trocou um pouco do seu tempo, que é valioso, para estar aqui comigo nesta caminhada de aprendizado e conhecimento.

SUMÁRIO

INTRODUÇÃO..11

CAPÍTULO UM
PEDAGOGIA HOSPITALAR: DO NASCER AO ALVORECER.....14

CAPÍTULO DOIS
A PEDAGOGIA NO AMBIENTE HOSPITALAR.........................20

CAPÍTULO TRÊS
HUMANIZAÇÃO E EDUCAÇÃO: INTEGRAÇÃO
ENTRE APRENDIZAGEM E SAÚDE..23

CAPÍTULO QUATRO
AS PRÁTICAS PEDAGÓGICAS
NO AMBIENTE HOSPITALAR..29

CAPÍTULO CINCO
A PEDAGOGIA HOSPITALAR
E OS DESAFIOS DA ATUALIDADE..37

CONCLUSÃO...43

ANEXO..46

REFERÊNCIAS..80

INTRODUÇÃO

Este livro tem como tema a pedagogia hospitalar: os desafios de educar. Visa trabalhar os desafios enfrentados pela pedagogia no âmbito hospitalar, pois como a educação é um direito de todos, o paciente escolar tem os mesmos direitos à educação do que qualquer outro indivíduo.

É importante mostrar o papel da educação, principalmente quando estamos dentro de um ambiente hospitalar, pois o foco primordial do trabalho do pedagogo é transformar as duas realidades, tanto a hospitalar quanto a do escolar hospitalizado. É preciso enfatizar a importância da pedagogia hospitalar, pois as aulas que ocorrem nos hospitais devem assegurar continuidade nos estudos do paciente escolar e desempenhar um papel precípuo na recuperação dos internados.

A pedagogia hospitalar, assim, é um ramo da pedagogia voltado para crianças e adolescentes doentes e hospitalizados, com o intuito de criar possibilidades de aprendizagem, reunindo procedimentos necessários para a construção do conhecimento e, consequentemente, do aperfeiçoamento humano. Espera-se, portanto, a formação de educadores preparados, com técnicas pedagógicas específicas para atender a essa demanda.

Alves (2020) considera que a pedagogia hospitalar se insere no contexto histórico da educação e que se baseia em uma metodologia libertadora e humanitária, atuando por meio de projetos e diálogos, de forma enriquecedora com os componentes curriculares instituídos pela Base Nacional Comum Curricular – BNCC para o desenvolvimento

de competências e habilidades, pensamento crítico e cognição do paciente/estudante.

Nessa mesma direção, menciona Matos e Mugiatti (2017) que as tecnologias têm proporcionado avanços para a descoberta, prevenção e cura de várias doenças; porém, quando o assunto é educação, é possível observar nos ambientes hospitalares uma dicotomia na relação profissional-paciente-patologia.

Ainda se vê grande dificuldade de acesso a serviços hospitalares, além de muitos enfermos dependerem cada vez mais de suporte emocional, ocasionando distanciamento dos aspectos humanos para uma assistência hospitalar de qualidade.

Alves (2020) comenta que o paciente, no nosso caso o escolar paciente, é despersonalizado; pois, em muitos casos, é identificado e avaliado tão somente por sua patologia, sendo tratado apenas como um número, e não como um ser psicossocial. Essa circunstância o leva à falta de identidade e autonomia, gerando desinteresse e apatia em um processo no qual ele deveria estar ativo para restaurar seu quadro clínico.

Vale salientar que são necessárias ações que visem à qualidade da assistência educacional no âmbito hospitalar. Partindo desse cenário, surge a pedagogia hospitalar, com abrangência em toda instituição hospitalar, propondo uma cultura educacional de atuação no atendimento do estudante hospitalizado, que necessita de cuidados e, principalmente, um olhar acolhedor do pedagogo hospitalar, por meio de estímulos afetivos e cognitivos, contribuindo assim para o processo de desospitalização[1].

Assim, o interesse pelo desenvolvimento deste trabalho surgiu a partir de experiências relacionadas que apontam para a urgência na ampliação do atendimento pedagógico dentro do ambiente hospitalar e, diante disso, foi observada a necessidade de propostas mais atrativas para o processo educativo do estudante hospitalizado. É uma

---

[1] A desospitalização é uma tendência mundial que possibilita que pacientes que ainda não receberam alta possam continuar o seu tratamento, fora de ambientes hospitalares tradicionais, favorecendo assim a sua melhora.

questão social de grande impacto humano, psicológico, econômico e político. E isso levanta alguns questionamentos, como: quais são os benefícios de estender o acesso à educação a estudantes hospitalizados? Se a educação é um direito de todos, como os profissionais de pedagogia podem garantir que o paciente/estudante tenha acesso aos cuidados pedagógicos no âmbito hospitalar?

Diante disso, este trabalho tem como objetivo discutir os desafios enfrentados pelo pedagogo hospitalar para dar continuidade à escolaridade formal e, ao mesmo tempo, melhorar a adaptação do paciente, além de mostrar a atuação do profissional pedagógico neste ambiente e os diversos vieses de contribuição a respeito da importância da educação e seus reflexos no processo educacional do estudante hospitalizado. Ainda neste sentido, deve-se refletir sobre o que o pedagogo pode desenvolver no âmbito hospitalar, por ser ele a ponte entre o paciente e o conhecimento, buscando a aprendizagem por meio de metodologias diferenciadas, mas sempre respeitando o quadro clínico dos pacientes.

Assim, vemos que o papel da educação se torna cada vez mais importante, principalmente quando estamos dentro de um ambiente hospitalar, pois o foco primordial do trabalho do pedagogo é transformar as duas realidades, tanto a hospitalar quanto a do escolar hospitalizado. É preciso enfatizar a importância da pedagogia hospitalar, posto que as aulas que ocorrem nos nosocômios devem assegurar continuidade nos estudos do paciente escolar e desempenhar um papel precípuo na recuperação dos internados.

A pedagogia hospitalar, por meio de sua visão humanística, visa não só levar a educação, como também uma melhor qualidade de vida para os pacientes em período escolar, transformando as duas realidades, tanto a hospitalar quanto a do escolar hospitalizado, para que se aproximem e se integrem. Com isso, é fundamental que pedagogos e equipe de saúde se unam com o propósito de buscar um desenvolvimento integral e humanizado em todos os pacientes, porém específica para cada aluno, conforme suas necessidades.

Capítulo um

PEDAGOGIA HOSPITALAR: DO NASCER AO ALVORECER

A pedagogia hospitalar surgiu com a pretensão de compensar o atraso escolar que as crianças hospitalizadas poderiam ter por falta de escolaridade. Ao mesmo tempo, enfatizava o cuidado pessoal das crianças, sua adaptação à situação hospitalar e a prevenção.

Sander (2007) comenta que envolver professores no ambiente hospitalar não é uma ideia nova. No entanto, a história da pedagogia hospitalar está enraizada em tempos mais distantes.

Segundo Matos e Mugiatti (2017), começou-se a formar uma ideia de que crianças com tratamentos de longa duração deveriam receber educação dentro do hospital. Assim, em 1935, na cidade de Paris, Henri Sellier inaugurou sua primeira escola para crianças inadaptadas. Graças aos profissionais dedicados, as escolas hospitalares se desenvolveram desde o início do século.

Em 1939, na França, foi criado o Centro Nacional de Estudos e Formação para a Infância Inadaptada (CNEFEI) de Surenses. Esse Centro tinha como linha a formação de professores para trabalhar em lugares onde existissem crianças em situação especial. Com isso, nesse mesmo ano e lugar, foi criado o cargo de professor hospitalar, cujo principal objetivo era atender pessoas inadaptadas com o intuito de desenvolver habilidades e a socialização.

Quanto a este processo no Brasil, no ano de 1950, no Hospital Municipal Jesus, surge a primeira classe hospitalar. Até hoje, pode-se dizer que esforços continuam sendo feitos para fortalecer a ação dessa modalidade educacional nos hospitais.

Em 1969, foi criado o Decreto-Lei n.º 1.044/69, que diz:

> Art. 1º Os alunos de qualquer nível de escolaridade, com doenças congênitas ou adquiridas, infecções, traumas ou outras condições mórbidas, determinantes de distúrbios agudos ou agudos, caracterizados por: a) deficiência física relativa, incompatível com a frequência de trabalho escolar, são considerados dignos de excepcional tratamento; desde que haja a conservação das condições intelectuais e emocionais necessárias à continuação da atividade escolar em novos ramos (BRASIL, 1969, s/p).

Mesmo que seja uma lei de 1969, trata-se de uma norma ainda muito presente, pois garante a continuidade dos estudos dos pacientes/estudantes que estejam hospitalizados.

Segundo o Estatuto da Criança e do Adolescente (ECA), vislumbrado pela Lei n.º 8.069/90, observa-se garantias instituídas quando o assunto é internação hospitalar, como destacamos a seguir:

> Artigo 57: O Poder Público estimulará pesquisas, experiências e novas propostas relativas a calendário, seriação, currículo, metodologia, didática e avaliação, com vistas à inserção de crianças e adolescentes excluídos do ensino fundamental obrigatório (BRASIL, 1990, p. 11164).

Apesar de esse artigo não mencionar situação específica quando o assunto é internação hospitalar, a escolarização nesse ambiente não formal possibilitará um acompanhamento pedagógico àqueles que estão "excluídos do ensino obrigatório", conforme preconiza o ECA.

O ECA prevê ainda, em seu capítulo II, seção I, que é assegurado a toda criança submetida a tratamento de longa duração o atendimento escolar em classes hospitalares:

> Art. 90. As entidades de atendimento são responsáveis pela manutenção das próprias unidades, assim como pelo planejamento e execução de programas de proteção sócio-educativos destinados à criança e adolescente, em regime de:
>
> VIII – internação (BRASIL, 1990, s/p).

Nesse mesmo sentido, criou-se, em conjunto com o Estatuto da Criança e do Adolescente Hospitalizado, a Resolução n.º 41/95, cujo item 9 prevê que a pessoa hospitalizada tem "Direito ao usufruto de alguma forma de lazer, programas de educação em saúde, acompanhamento do currículo escolar durante a internação".

Já em 2005, com o advento da Lei n.º 11.104, cria-se a obrigatoriedade de instalação de brinquedotecas nas unidades de saúde que ofereçam atendimento pediátrico em regime de internação.

> Art.1º – Os hospitais que ofereçam atendimento pediátrico contarão, obrigatoriamente, com brinquedotecas nas suas dependências.

Parágrafo único – O disposto no caput deste artigo aplica se a qualquer unidade de saúde que ofereça atendimento pediátrico em regime de internação

Art. 2º – Considera-se brinquedoteca, para os efeitos desta Lei, o espaço provido de brinquedos e jogos educativos, destinados a estimular as crianças e seus acompanhantes.

Art. 3º – A inobservância do disposto no art. 1º desta Lei configura infração à legislação sanitária federal e sujeita seus infratores às penalidades previstas no inciso II do art. 10 da Lei nº 6.437, de 20 de agosto de 1977 (BRASIL, 2005, s/p).

Ainda sobre os desdobramentos da pedagogia hospitalar no Brasil, Cavalcante, Guimarães e Almeida (2015) comentam que na Universidade Federal de Sergipe (UFS) essa prática pedagógica nos hospitais foi efetivada em 2006, com o projeto "Ludoterapia: Uma Estratégia Pedagógico-Educacional para Crianças Hospitalizadas na Enfermaria Pediátrica do Hospital Universitário da Universidade Federal de Sergipe". Assim, pode-se dizer que este foi o primeiro trabalho desenvolvido pelo Departamento de Educação da UFS com a pedagogia hospitalar.

A pedagogia hospitalar, por um lado, fundamenta-se no direito de alunos a uma educação de qualidade e, por outro, se enquadra na modalidade da pedagogia social, uma vez que não ocorre no contexto escolar formal.

Aranha (2012) destaca que essa modalidade de ensino extrapola o currículo educacional e atende de forma abrangente todas as necessidades do aluno, principalmente considerando seu estado de saúde. A pedagogia hospitalar se tornou mais uma variante da educação inclusiva, por se tratar de uma ação multidisciplinar, na qual estão envolvidos diversos profissionais (fonoaudiólogos, psicólogos, pessoal de saúde, entre outros).

A existência de atendimento pedagógico-educacional nos hospitais brasileiros possibilita que novos conhecimentos possam ser adquiridos pelos estudantes que estão hospitalizados, de modo a contribuir para o desenvolvimento biopsicossociocultural do aluno. E é nessa direção que se faz uso de Morin (2003), que frisa que:

> [...] o objetivo da educação não é transmitir ao aluno conhecimentos cada vez mais numerosos, onde o conhecimento se acumula, se amontoa e não tem um princípio de seleção e organização que lhe dê sentido, mas sim o "criar nele um estado profundo e interior, um tipo de polaridade de espírito que o orienta em um sentido definido, não apenas durante a infância, mas ao longo da vida (MORIN, 2003, p. 42).

Diante disso, percebe-se que o cuidado educacional deve ser parte integrante do programa de tratamento médico e constitui um trabalho compartilhado pela família, equipe docente e médica, pois a continuidade da criança na classe hospitalar transmite uma mensagem de esperança para o futuro e, da mesma forma, o atendimento educacional integral permite que a criança desenvolva suas habilidades sociais e cognitivas.

Portanto, os professores responsáveis pelas salas hospitalares devem se adaptar às necessidades individuais de cada criança, utilizando metodologias distintas das de uma sala de aula normal. São estes profissionais que permitem à criança hospitalizada continuar o aprendizado; para que a incorporação na escola e na rotina, após a recuperação, seja mais positiva, agradável e rápida.

Dito isso, destaca-se que a continuidade dos estudos, ao mesmo tempo que ocorre a hospitalização, possibilita ao aluno maior engajamento escolar. Nesse sentido, Matos e Mugiatti (2017) entendem que deve haver um estímulo ao estudante/paciente para que o estudo no ambiente hospitalar se torne mais participativo e produtivo, contribuindo, inconscientemente, para o desejo de se obter a cura do tratamento que vem sendo realizado.

Dessa forma, entende-se que a pedagogia hospitalar se insere em uma iniciativa implantada em diversos países como alternativa educacional para o atendimento integral às crianças, com um quadro de saúde que as impede de continuar no sistema regular de ensino, pois se configura como aquele corpo disciplinar que está expressamente voltado para o cuidado e a otimização da educação de crianças enfermas internadas em um hospital, buscando melhorar suas condições de vida.

Capítulo dois

A PEDAGOGIA NO AMBIENTE HOSPITALAR

As salas hospitalares são as unidades escolares localizadas dentro dos hospitais. Estes têm a função de atender às necessidades educacionais do estudante/paciente. Sales, Lima e Souza (2016) mencionam que as salas de aula do hospital representam um espaço altamente valorizado e alternativo para as crianças em outras instalações hospitalares. Para crianças, pais, profissionais de saúde e professores, a sala de aula tem o poder de humanizar a experiência da hospitalização e, como vimos, de trazer benefícios a todos os envolvidos.

Segundo Matos e Mugiatti (2017), a sala de aula é um lugar onde o estudante/paciente encontra experiências significativas em vários níveis; em primeiro lugar, está vinculado a um professor receptivo, que o acolhe para responder a necessidades básicas e importantes como ser tratado com carinho, brincar e interagir.

Aprender, mas também garantir a busca educacional por meio do aprendizado. Por outro lado, Aranha (2012) concorda que a sala hospitalar é um local de encontro com outras crianças que passam por circunstâncias semelhantes. Dessa forma, o estudante/paciente tem a oportunidade de compreender e assimilar que não é o único que está passando pelo problema de saúde que o aflige. Isso tem um efeito terapêutico na dimensão psicológica que auxilia na recuperação física.

A pedagogia hospitalar constitui uma forma especial de compreender a própria pedagogia. É oferecida como uma pedagogia vitalizada, que constitui uma comunicação experiencial constante entre a vida do educando e a vida do educador, e aproveita qualquer situação, por mais dolorosa que pareça, para enriquecer quem sofre com isso, transformando seu sofrimento em aprendizagem.

Na mesma linha, Matos e Mugiatti (2017) esclarecem que a pedagogia hospitalar não é uma ciência fechada, mas sim multidisciplinar, que ainda delimita seu objeto de estudo para responder àquelas situações que, na conjunção dos campos da Saúde, a sociedade está exigindo, tornando-se igualmente necessários programas de cuidado à criança convalescente.

De acordo com Aranha (2012), a pedagogia hospitalar também é considerada um ramo da Educação Especial, visto que lida especificamente com crianças com problemas de saúde. Porém, não pode ser considerada como tarefa primária e exclusiva da pedagogia hospitalar apenas o cuidado à criança hospitalizada e sua família. A proposta da pedagogia hospitalar vai além disso, abarcando um panorama muito mais amplo, no qual a escolaridade é mais um elemento, junto com tantos outros, que faz parte da evolução e do aprimoramento global do ser humano.

Sales, Lima e Souza (2016) consideram que as crianças entendem a doença de forma diferente dos adultos: têm grande imaginação e muitas vezes dão falsas interpretações às palavras que ouvem, daí a importância de informações adequadas sobre como enfrentar a doença, adesão ao tratamento médico e recuperação, bem como, e principalmente, o estado emocional. Assim, a figura do pedagogo hospitalar é um elemento decisivo para o ajustamento psicológico, social e educacional da criança doente, atuando também como intermediário entre os profissionais da saúde, a família e sua escola. O seu perfil é desenvolvido com a prática diária desta atividade e com o apoio de todos.

No âmbito hospitalar, Sales, Lima e Souza (2016) destacam que a equipe interdisciplinar é de grande importância. É imprescindível que haja uma troca de informações entre os profissionais da saúde e os educadores das classes hospitalares com um único objetivo: melhorar a qualidade de vida da criança doente hospitalizada. No caso da pedagogia hospitalar, essa equipe é geralmente constituída por médicos, enfermeiras, professores, psicólogos, voluntários, entre outros.

Segundo Sander (2007), outro elemento importante é o meio ambiente, principalmente nas salas de aula hospitalares, que surgiram em resposta à necessidade dos menores que estão há muito tempo internados e que precisam dar continuidade ao seu processo educacional. A equipe médica e o pessoal de saúde do hospital podem atender às necessidades de saúde, no entanto precisam do apoio de professores ou pedagogos para melhorar a permanência da criança no hospital.

Capítulo três

HUMANIZAÇÃO E EDUCAÇÃO: INTEGRAÇÃO ENTRE APRENDIZAGEM E SAÚDE

A maioria dos alunos internados em um hospital está na escola. A escola, em conjunto com a família, constitui o ambiente natural onde se desenvolvem e a escolarização é a tarefa primordial de formação e socialização.

Sander (2007) menciona que a suspensão temporária da escolaridade por internação hospitalar implica alteração do ritmo de aprendizagem, o que, provavelmente, terá inúmeras repercussões a curto e longo prazo, que podem ser agravadas em alguns casos em função das sequelas da doença que a criança sofre e pelos efeitos secundários dos tratamentos e seu impacto em suas habilidades de aprendizagem.

Por outro lado, Sales, Lima e Souza (2016) concordam que a doença da infância, principalmente se for crônica ou grave, atua sobre os membros da família como uma agressão. Os pais da criança doente geralmente sofrem tanto ou mais que ela, só que de maneira diferente.

Assim, para Sander (2007), os professores que lecionam em salas de aula de hospitais são caracterizados como pessoas sensíveis e calorosas que desempenham sua função nesses contextos. Seu papel principal, conforme mencionado, é atender às necessidades das crianças.

Portanto, cabe ao professor estabelecer uma relação positiva com a família, em que haja uma boa comunicação, que seja contínua e permanente, visto que ela deve informar o nível da criança e fornecer informações sobre a evolução da criança.

A família e os efeitos do impacto da doença

Pelo que foi dito na seção anterior, conclui-se que o processo de doença em uma pessoa atinge imediatamente a pessoa que a sofre, mas também as que convivem com o paciente. A forma como estas últimas são afetadas é ainda maior quando se trata de uma criança.

Matos e Mugiatti (2017) consideram que a doença afeta não só o bem-estar psicológico da criança, mas também de toda a família, podendo ter um impacto quase decisivo nos processos da dinâmica e funcionamento da vida familiar. A família é considerada o mais importante suporte emocional e ponto de referência para a criança hospitalizada.

Se focarmos especificamente na internação pediátrica, a experiência nos mostra que quando uma criança é internada no hospital, ela não aparece sozinha. Junto com a criança, há sempre uma família ou grupo de relacionamento. Portanto, ao cuidar de uma criança doente, principalmente quando o assunto é educação dentro do ambiente hospitalar, é imprescindível incluir sua família no processo, pois isso influencia muito na evolução da doença.

Tavares (2011) aponta que o diagnóstico de uma doença na infância representa uma crise prolongada para toda a família e exige um reajuste total de sua parte diante de diversos fatores. A doença tem importante impacto psicológico na família do estudante/paciente, podendo interferir em sua adaptação socioemocional e em sua saúde física e mental. Nessa perspectiva, um adoecimento em qualquer membro da família repercutirá em cada um dos outros membros, causando uma mudança em todo o sistema familiar.

Nessa direção, com o diagnóstico de uma doença e posterior internação hospitalar, a dinâmica cotidiana da família é abruptamente alterada, os papéis familiares são interrompidos e é necessário reajustá-los para que ocorra o equilíbrio.

De certa forma, a maneira como os pais respondem a essas circunstâncias pode determinar a maneira como seus filhos lidam com a doença. Assim, às vezes, ao intervir nos pais, o curso da doença nos filhos pode ser modificado.

O professor como agente de humanização na educação: integrando aprendizagem e saúde

Estabelecer um ponto de contato para o estudante/paciente é um passo importante. Sales, Lima e Souza (2016) destacam que alguns hospitais empregam contatos educacionais para coordenar o plano das classes hospitalares, bem como fornecer a papelada médica relevante para o contato correto na escola, no intuito de a mesma monitorar, por meio do pedagogo hospitalar, o progresso acadêmico do estudante/paciente enquanto se encontra no hospital.

De acordo com Sander (2007), em prol da humanização na educação, é necessário que o professor estabeleça um plano de comunicação com o estudante/paciente, tal como telefone, e-mail ou outro método online. Sabe-se que uma hospitalização, durante o ano letivo, é exaustiva e estressante até para os alunos mais organizados e emocionalmente maduros. Simplificar as tarefas para focar apenas no conteúdo mais relevante ajuda o aluno hospitalizado a se manter envolvido e atualizado. Definir várias semanas de tarefas pode ajudar um estudante/paciente a trabalhar com antecedência conforme se sinta capaz.

Matos e Mugiatti (2017) consideram que o professor deve refletir sobre as maneiras de acomodar ou modificar as atribuições de um estudante hospitalizado. Por exemplo, o aluno pode ouvir um audiolivro e resumir verbalmente os capítulos em vez de ler um livro impresso e redigir as respostas. Isso ajudará os alunos que estão experimentando a fadiga, e, consequentemente, se desinteressando pelo aprendizado devido ao tratamento, a desenvolver a cognição e habilidades motoras finas[2].

Assim, Tavares (2011) aborda que, como um meio de humanização, o pedagogo hospitalar não deve limitar a comunicação com o aluno apenas às tarefas específicas. Compartilhar projetos de sala de aula e eventos que vão ocorrendo na escola auxilia para que o estudante/paciente se sinta conectado à sua comunidade enquanto estiver em tratamento.

É normal que um aluno hospitalizado se sinta fisicamente cansado e emocionalmente ansioso enquanto se ajusta de volta à escola. No entanto, o pedagogo hospitalar deve se lembrar que ele está lidando com um evento médico significativo e, possivelmente

---

[2] A utilização de pequenos músculos, como os das mãos e dos pés, fazendo com que a criança realize movimentos mais precisos e delicados.

transformador, tentando recuperar semanas de aulas perdidas, além de acompanhar as demandas de aulas atuais que ocorrem na escola. Portanto, o educador hospitalar deve oferecer empatia e suporte acadêmico contínuo para que o estudante/paciente se sinta acolhido e disposto a continuar o processo de aprendizagem.

A necessidade de educação contínua para melhores práticas do pedagogo como agente de humanização

Existem muitas questões para se melhorar as práticas capazes de assegurar o processo de aprendizagem ao longo da vida, por meio de uma educação inclusiva e humanizada.

Diante disso, pode-se considerar que a educação humanizadora busca atender o estudante/paciente onde ele estiver; em seus próprios termos, como alunos e seres humanos que são; em oposição a um currículo padronizado, sem levar em conta as diferenças individuais, como a formação cultural, a escolha do aluno e o tratamento que este vem passando.

Considera-se então que o ato de humanizar a educação requer que o pedagogo hospitalar apoie e celebre ativamente a dignidade de cada aluno, reconhecendo e incorporando a diversidade de origens culturais que existem, principalmente para desenvolver a socialização, devido ao ambiente em que o estudante/paciente se encontra.

Uma prática recomendada e extremamente importante para aumentar o desempenho dos alunos é ver as aulas pelos olhos deles. Para fazer isso enquanto humaniza a sala de aula, o pedagogo hospitalar deve desenvolver mecanismos robustos para coletar *feedback* dos alunos, tanto em tempo real quanto para consumo posterior, a fim de conduzir uma instrução significativa e seu envolvimento.

Além disso, considera-se que, ao mesmo tempo que o pedagogo hospitalar enxerga as aulas pelos olhos de seus alunos, ele pode ajudá-los a ver as aulas como se fossem os educadores. O estudante/

paciente deve ter a oportunidade de explicar e criar seu conhecimento do que está aprendendo e do que aprendeu.

Nessa direção, Saviani (2009) menciona que a aprendizagem contínua é a chave para desenvolver a capacidade dos educadores para um ensino eficiente, especialmente em uma profissão em que as demandas estão mudando o tempo todo. A humanização da educação parte do princípio de que cabe ao professor ajudar no desenvolvimento das competências comportamentais, na formação do pensamento crítico, na procura da autonomia e no incentivo à capacidade de iniciativa e criatividade.

O desenvolvimento profissional contínuo é igualmente relevante para professores novos e experientes, pois muitos aspectos do ensino vão se transformando ao longo dos anos. A participação do professor no desenvolvimento pode ser influenciada por vários fatores: motivação pessoal, requisitos da escola e iniciativas que aperfeiçoam o conhecimento.

Assim, entende-se que quando os educadores descobrem novas estratégias de ensino por meio do desenvolvimento profissional, eles podem voltar para a sala de aula, no caso a hospitalar, e fazer mudanças em seus estilos de aula e currículos para melhor atender às necessidades do estudante/paciente.

Importante salientar que, ao humanizar a educação, podemos ter certeza de que também a personalizamos. O inverso não é necessariamente verdadeiro, pois nenhuma quantidade de aprendizado personalizado preencherá o buraco negro do tamanho da alma que criamos quando deixamos de reconhecer a humanidade de uma criança, ainda mais quando elas se encontram no ambiente hospitalar.

Por fim, entende-se que implementar o desenvolvimento da educação profissional traz benefícios para pedagogos hospitalares e estudantes/pacientes, mas, o mais importante, ajuda os educadores a se tornarem futuros administradores do processo de aprendizagem.

Capítulo quatro

AS PRÁTICAS PEDAGÓGICAS NO AMBIENTE HOSPITALAR

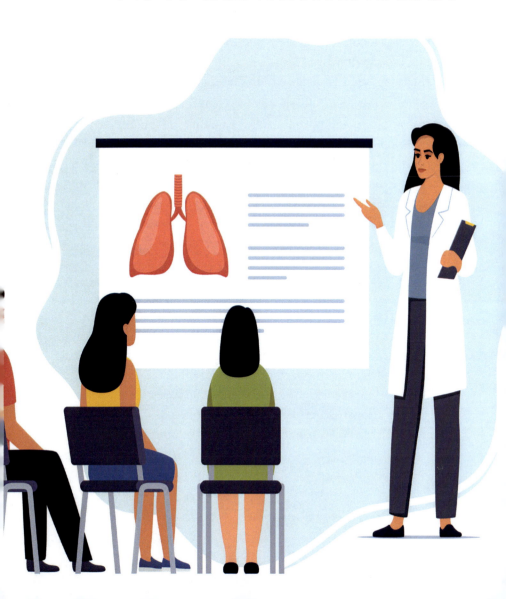

Já foi visto que os estudantes/pacientes que frequentam as salas de aula hospitalares o fazem por causa de um problema de saúde. Essa dura realidade infantil exige profissionais íntegros e capazes de educar, mas também ajuda a minimizar o estado de angústia ou dor da criança hospitalizada (ARANHA, 2012).

Matos e Mugiatti (2017) discorrem que o pedagogo que atua em sala de aula hospitalar precisa ser uma pessoa muito especial, com muita flexibilidade, saber se adaptar a um contexto totalmente diferente de uma escola regular. Tem que ter um sentimento de pertença ao trabalho e às atividades lúdicas e recreativas com os estudantes/pacientes, para que a doença e tudo que ela acarreta não o afetem

Por esse motivo, Silvério e Rubio (2012) destacam que não só o perfil profissional é importante, mas também as suas competências. Devem ser pessoas muito resilientes e capazes de se recuperar da própria dor e da dos outros, estar bem posicionadas diante da adversidade e ter um bom gerenciamento do luto. Eles também devem ter uma forte motivação para o seu desenvolvimento profissional e habilidades específicas do ponto de vista técnico-profissional.

> O pedagogo tem a função de orientar, estimular e motivar a pessoa enferma e hospitalizada a prosseguir com seu aprendizado, afinal ela continua em crescimento e desenvolvimento e este processo não pode e não deve ser interrompido por ocasião de uma internação (SILVÉRIO; RUBIO, 2012, p. 2).

De acordo com Tavares (2011), os pedagogos responsáveis pela educação dos estudantes/pacientes devem ministrar os conteúdos curriculares de acordo com o nível de escolaridade estabelecido pelo sistema educacional. Dessa forma, eles devem trabalhar para evitar que fiquem para trás em seu processo de formação educacional e humana.

Assim, a atividade educativa é realizada de várias formas. O mais comum é o atendimento na sala de aula hospitalar, desde que o estudante/paciente esteja em condições físicas para se deslocar; ou em seu próprio quarto, quando seu estado de saúde aconselha que seja o pedagogo a procurá-lo. O objetivo, em ambos os casos, é sempre o mesmo: evitar ou reduzir ao máximo as consequências negativas, tanto em nível educacional como pessoal, de sua permanência no hospital, especialmente nos casos de crianças muito tempo hospitalizadas por sofrerem de uma doença crônica.

Nessas ações, Silvério e Rubio (2012) salientam que dois outros componentes fundamentais estão sempre presentes em todo o processo educativo, sem os quais é difícil para o pedagogo exercer plenamente o seu trabalho, que são os familiares e os profissionais da saúde, como médicos, enfermeiros, auxiliares etc.

Primeiramente, a relação com os pais deve ser diária e permanente; pois são eles, em conjunto com o estudante/paciente, os primeiros a orientar o pedagogo sobre o nível de escolaridade da criança, ao mesmo tempo que servem de elo entre a escola e os educadores hospitalares.

Quanto ao trato com a equipe médica, Aranha (2012) cita que também deve ser cotidiano, sendo seu trabalho considerado essencial, uma vez que estimula e apoia a permanência dessas crianças nas salas de aula hospitalares. Por outro lado, eles se tornam o primeiro transmissor de informações sobre cada criança que é internada no hospital ou sobre as mudanças que ocorrem no humor ou na saúde, principalmente as que se encontram internadas há muito tempo. Em última análise, são eles que determinam se devem ou não ir para a classe hospitalar e se é conveniente, pelo contrário, serem tratados individualmente.

Por meio de ferramentas como as Tecnologias de Informação e Comunicação (TICs), o pedagogo hospitalar pode também repassar informações oportunas para apoiar o estudante/paciente.

O uso das TICs nas salas hospitalares

Muitos são os autores que corroboram a necessidade das TICs nas classes hospitalares. A utilização dessas ferramentas, como recurso, implica eliminar as barreiras com o estudante/paciente que não pode frequentar voluntariamente a sala de aula hospitalar.

O uso das TICs implica abrir possibilidades voltadas para o processo de ensino-aprendizagem, psicossocial e de comunicação. O uso dos recursos tecnológicos, como computadores e tablets, implica a oportunidade de uma normalização na vida das crianças, já que essas fermentas de ensino já estão inseridas no cotidiano do estudante/paciente.

Ressalta-se ainda que, a partir dos meios de comunicação, pedagogos e alunos podem acessar conteúdos relacionados ao lazer, porém com foco na educação, além de entrar em contato com o seu ambiente mais próximo (família, amigos etc.). Dessa forma é possível atenuar o sentimento de separação e isolamento que sofrem no ambiente hospitalar.

Nesse mesmo sentido, é notório que o desenvolvimento afetivo e social da criança será favorecido, promovendo a expressão e a comunicação dos estudantes hospitalizados, sendo também uma excelente oportunidade para desenvolver competências cognitivas.

A presença das TICs na educação hospitalar permite novas formas de aprendizado, tanto para o estudante/paciente quanto para o pedagogo. O aprendizado on-line está se tornando cada vez mais popular, abrindo oportunidades para as classes hospitalares garantirem que os pacientes tenham acesso aos materiais do currículo enquanto se encontram hospitalizados.

> Sendo assim, entendemos que as TICs, como ferramenta auxiliar no trabalho pedagógico e psicopedagógico no contexto hospitalar, oferecem uma excelente possibilidade para trabalharmos as novas formas de escrever, de conhecer, de expressar e de

comunicar ideias, oportunizando, assim, a representação do pensamento e imaginário de crianças e adolescentes hospitalizados, com base em diversas linguagens, agregando múltiplos olhares, materializados por meio de textos escritos, de imagens, de sons e de movimentos (CAMPOS, 2013, p. 30).

Quando as TICs são integradas às aulas remotas nas salas de aula hospitalares, o estudante/paciente se envolve mais em seu aprendizado, facilitando o desenvolvimento e a busca do conhecimento. Isso ocorre porque a tecnologia oferece diferentes oportunidades para tornar a classe hospitalar mais divertida e agradável em termos de ensinar as mesmas coisas de maneiras diferentes, melhor se adequando às condições do ambiente e sujeito enquanto paciente.

Necessidades relacionadas à recreação e brincadeira na pedagogia hospitalar

Dada a situação em que se encontram os estudantes/pacientes, as atividades recreativas e lúdicas são ferramentas essenciais, pois proporcionam aprendizagem nas classes hospitalares. Portanto, os alunos devem ter determinados horários do dia para diversão e distração absoluta, no intuito de, por alguns momentos, lhes afastar mental e psicologicamente da difícil situação pela qual estão passando.

Matos e Mugiatti (2017) destacam que os pedagogos responsáveis por seu tratamento devem planejar e desenvolver atividades para a diversão dos pacientes, com recursos materiais como livros de histórias, jogos de tabuleiro e jogos simbólicos.

Ao mesmo tempo, vários brinquedos físicos, de manipulação e de construção são essenciais. Dependendo das circunstâncias de cada estudante/paciente, caso seja possível, os planos também devem incluir caminhadas ou brincadeiras ao ar livre (ARANHA, 2012).

Silvério e Rubio (2012) concordam que os pedagogos hospitalares devem coordenar as estratégias e ferramentas para tornar a hospitalização infantil a mais agradável possível, oferecendo um atendimento altamente especializado, além de suporte emocional e afetivo, essenciais para o bem-estar de crianças e jovens. Na verdade, esses profissionais desenvolvem uma tarefa transformadora, incluindo em sua metodologia diversas áreas de conhecimento, bem como auxiliando e adequando a vida do estudante/paciente ao tratamento.

Importante salientar que as atividades lúdicas são de grande importância, pois auxiliam no desenvolvimento integral do estudante/paciente, fazendo com que adquiram habilidades, conhecimentos e atitudes que os ajudam a se projetar e dar sentido à sua vida.

Desse modo, o pedagogo hospitalar tem um papel importante na mediação do estudante/paciente com a ludicidade, para o desenvolvimento da aprendizagem, bem como na formação de sua identidade, pois, a partir da relação entre o pedagogo hospitalar e o aluno hospitalizado, surgirão as possibilidades para o sucesso do processo educacional, auxiliando também na sua recuperação. O real papel do pedagogo é o de mediador, que também está diretamente relacionado com a construção do conhecimento, tanto como guia do planejamento pedagógico quanto na escolha dos conteúdos.

Assim, Leal (2011) destaca que o professor é considerado um ser social dotado de conhecimentos culturais. As aulas com os jogos e brincadeiras proporcionam que o professor observe as atitudes de cada aluno, sozinho ou interagindo com os demais na classe ou no seu entorno. Nessas situações lúdicas, professor e aluno devem ter liberdade para brincar e/ou brincar respeitando seus próprios ritmos, para organizar suas atividades e poder receber e aceitar as regras que lhes são impostas. Esta experiência explicada por Leal deve ser levada para as classes hospitalares, pois esse ambiente, que para muitos estudantes/pacientes é considerado hostil, deve ser transformado num lugar acolhedor e de muito desenvolvimento e aprendizado.

> Portanto, sabe-se que a ludicidade é uma necessidade em qualquer idade e não pode ser vista apenas como diversão. O desenvolvimento do aspecto lúdico

> facilita a aprendizagem, o desenvolvimento pessoal, social e cultural, colabora para uma boa saúde mental, prepara um estado interior fértil, facilita a comunicação, expressão e construção do conhecimento (LEAL, 2011, p. 13).

O pedagogo hospitalar é um mediador constante no processo de ensino-aprendizagem do estudante/paciente. Esse educador ajudará a criança a constituir sua identidade, ética, em busca da cidadania. Pois, de acordo com a Estrutura Curricular Nacional para a Educação Infantil:

> Por meio de jogos, os professores podem observar e constituir uma visão dos processos de desenvolvimento das crianças em conjunto e de cada uma em particular, registrando suas habilidades para o uso de linguagens, bem como suas capacidades sociais e os recursos afetivos e emocionais de que dispõem (REFERENCIAL CURRICULAR NACIONAL PARA A EDUCAÇÃO INFANTIL, 1998, p. 28).

Dessa forma, é possível compreender que o estudante/paciente necessita estar emocionalmente estável para se sentir envolvido no processo de aprendizagem. A afetividade possibilita que ele se aproxime do pedagogo hospitalar e dos demais envolvidos no ambiente hospitalar. Quando o educador dá preferência a metodologias que utilizam basicamente atividades e situações lúdicas, percebe-se um maior interesse por parte do aluno.

É por meio do lúdico que a criança entende como deve agir na esfera cognitiva. Com isso, o pedagogo deve transformar a sala de aula hospitalar em um espaço que agrupe elementos de motivação para os estudantes/pacientes, no intuito que desenvolvam atividades que promovam conhecimento.

A sala de aula hospitalar é um lugar de aprendizado e o pedagogo deve conciliar os objetivos pedagógicos com os desejos do estudante/paciente. O papel do pedagogo é criar um ambiente lúdico e habilidoso. Ao implementar uma pedagogia lúdica bem-sucedida, o educador consegue desenvolver um conhecimento significativo do currículo e seu uso de maneira integrada.

É importante levar em consideração as decisões tomadas pelo pedagogo neste ambiente de aprendizagem, pois tais atitudes serão intencionais e se basearão pela sua observação sobre os interesses e impulsos lúdicos do estudante/paciente, juntamente com as suas necessidades de aprendizagem.

O art. 4 do Parecer CNE/CEB n.º 20/2009 diz que:

> As propostas pedagógicas da Educação Infantil deverão considerar que a criança, centro do planejamento curricular e do processo educativo, é um sujeito histórico de direitos, que nas interações, relações e práticas cotidianas que vivencia. Ela constrói sua identidade pessoal e coletiva, imagina, deseja, brinca, aprende, fantasia, observa, narra, questiona, experimenta e constrói sentidos sobre a natureza e a sociedade produzindo cultura (BRASIL, 2009, p. 19).

Fazendo uso do lúdico em sala de aula, Leal (2011) entende que o educador deve planejar a introdução de recursos e habilidades, levando em consideração suas observações relacionadas às experiências lúdicas dos alunos, com o objetivo de encorajá-los a explorar, se maravilhar, se envolver na busca do seu conhecimento.

Capítulo cinco

A PEDAGOGIA HOSPITALAR E OS DESAFIOS DA ATUALIDADE

Tavares (2011) concorda que a atualidade, caracterizada pela presença contínua de mudanças, mantém um discurso constante que preconiza a reforma da educação. No entanto, qualquer reflexão sobre o futuro da escola só faz sentido se assentar num conhecimento rigoroso da realidade, ou seja, se tivermos um conhecimento sólido dos resultados e produtos das escolas. Nessa perspectiva, a avaliação torna-se um instrumento essencial das políticas que promovem a reforma educacional.

O principal objetivo da educação é retirar o homem de seu individualismo inato, e inseri-lo na sociedade, socializando-o. Dentre os objetivos perseguidos pela educação, encontram-se três pontos importantes a destacar no indivíduo: seu corpo, sua inteligência e suas faculdades morais. Este desenvolvimento contribuirá para a preservação da saúde, prolongando a vida do indivíduo, enriquecendo e revigorando a mente e fortalecendo a consciência do bem e do dever no indivíduo. É o que Valera chamou de "natureza tripla do homem" (ARANHA, 2012).

A pedagogia deste século, apesar de seu caráter científico, influencia diretamente a educação, por meio das instituições de ensino e, também, dos ambientes não formais, como, por exemplo, o hospital.

A pedagogia hospitalar ganha grande importância, pois seu interesse está voltado para o atendimento educacional de crianças e adolescentes que, devido a alguma doença, foram submetidos a curtas ou longas estadas hospitalares. Por meio dela, pode-se organizar estratégias de promoção da aprendizagem escolar em um ambiente hospitalar, levando em consideração todas as variáveis que influenciam o paciente: doença, tempo de internamento, escolaridade e heterogeneidade de idades, entre outras (SALES; LIMA; SOUZA, 2016).

Ensinar é uma tarefa difícil e desafiadora. Principalmente na era atual, com o advento de novas metodologias de ensino e a forma como a aprendizagem digital e inteligente vem fazendo incursões no campo da Educação. O papel do educador também evoluiu muito ao longo do tempo. Atualizar suas habilidades e conhecimentos de vez em quando é, portanto, necessário e é uma prioridade máxima hoje, principalmente quando o assunto é classe hospitalar, avanços tecnológicos e processo educativo.

Aranha (2012) aponta que as aulas ministradas no ambiente hospitalar podem permitir que o estudante/paciente siga, mesmo parcialmente, seus cursos regulares. O programa escolar pode motivar e aliviar suas angústias, além de levar um estilo de vida mais adequado para sua idade e circunstâncias. Com as classes hospitalares, com o auxílio de um pedagogo, a ansiedade diante do desconhecido pode ser reduzida; de tal forma que tudo o que gera comportamentos de criatividade, produção, será útil para um efeito reabilitador.

Segundo Matos e Mugiatti (2017), a intervenção pedagógica requer a necessidade da colaboração de profissionais que atuam no campo da Doença Infantil, onde se apresenta o papel do pedagogo como agente do cuidado educacional e emocional da criança. Também requer um espaço de reunião dentro do hospital onde o estudante/paciente se sinta acolhido e cuidado em suas necessidades psicossociais.

É nesta abordagem que os princípios da dignidade, igualdade, não discriminação e inclusão ganham valor e colocam novos desafios aos pedagogos hospitalares. A comunicação entre a família, o educador e a equipe médica deve ser de forma colaborativa, no intuito de se criar um espaço pedagógico de aprendizagem, para que o estudante/paciente se adapte a qualquer situação por mais dolorosa que seja, enriquecendo a criança que sofre de uma doença, com novas experiências e transformando o seu sofrimento em aprendizagem.

Aranha (2012) considera que a proposta da pedagogia hospitalar abarca outros espaços que não o hospital, onde a escolarização institucionalizada se constitui em outro momento, junto a outras que fazem parte do crescimento humano, e reconhece outros espaços pedagógicos, como a casa e o próprio hospital, que podem gerar aprendizagens significativas e relevantes para a vida da criança, associados à sua nova experiência e condição de vida.

Por fim, é preciso lembrar que o pedagogo deve estar preparado e pronto para atender a este tipo de situação no ambiente hospitalar, utilizando o lúdico como ferramenta de aprendizagem, capaz de potencializar as habilidades e capacidades da criança, a partir da premissa do que se tem, e não do que falta à criança, consciente da diversidade como oportunidade de aprendizagem e garantidora do direito à educação.

Ademais, ressalta-se aqui que os pedagogos hospitalares desempenharão um papel fundamental no futuro imediato, não apenas ajudando os alunos a se ajustarem às demandas tecnológicas do ensino a distância, mas também atuando como mediadores do sofrimento que traz os tratamentos.

De acordo com Sander (2007), o maior desafio para qualquer pedagogo consiste em compreender as diferentes capacidades de aprendizagem do estudante/paciente e, ao mesmo tempo, adequá-lo à realidade que estão vivendo naquele momento. Além do que, é sabido que os alunos diferem em sua compreensão, memória, concentração, capacidade de aprender e escrever e mostram interesses variados em vários assuntos. É preciso unir a prática docente com o ambiente em que estão temporariamente.

Segundo Matos e Mugiatti (2017), o maior desafio para qualquer pedagogo será como ele motiva, orienta e incentiva os estudantes/pacientes quando eles apresentam baixo desempenho, perdem o foco e se distraem devido às circunstâncias de debilidade em que se encontram.

Aranha (2012) corrobora destacando que um grande desafio para um pedagogo está em avaliar o progresso dos estudantes/pacientes e efetivamente transmitir o mesmo aos pais e a equipe médica.

Assim, ambientes de aprendizagem positivos e produtivos são essenciais para o sucesso acadêmico, emocional e social dos estudantes/pacientes. Infelizmente, ambientes de aprendizagem positivos não acontecem por si próprios, eles devem ser criados. Devem oferecer um clima de segurança, onde o risco é encorajado, há uma conversa autêntica e aberta, a confiança e o respeito são estimulados e a interação positiva é a norma. E a peça-chave neste contexto é o pedagogo hospitalar, que com suas atividades de desenvolvimento transforma a realidade dos pacientes que ali se encontram.

A criação de um ambiente de aprendizagem positivo começa com a autorreflexão do pedagogo hospitalar em como realizar a abordagem e o planejamento para a implementação do currículo. Manter um ambiente de aprendizagem positivo nas classes hospitalares é um trabalho em andamento que o pedagogo deve sempre considerar para atender as necessidades dos estudantes/pacientes, no intuito que se adaptem à nova realidade.

Desse modo, entende-se que o pedagogo precisa estar ciente das diferenças em suas aulas e ajustar suas estratégias para atender todas as necessidades que possam aparecer. O pedagogo deve fazer o melhor que puder para planejar com antecedência, mas esteja ciente de que, depois de conhecer seus estudantes/pacientes, bem como o tratamento que estão realizando, pode aparecer a necessidade de ajustar suas estratégias para garantir que todos se sintam seguros, apoiados e valorizados.

Alves e Sanchez (2016) concordam que relações positivas entre pedagogos, familiares e equipe hospitalar podem ajudar os pacientes a se sentirem conectados e engajados em seu aprendizado. Manter relacionamentos e ensinar habilidades sociais e emocionais ajuda os estudantes/pacientes a tomarem decisões, construírem resiliência e participarem ativamente no desenvolvimento de sua aprendizagem, principalmente na sua reabilitação.

É papel do pedagogo, também, identificar os estudantes/pacientes que, porventura, possam precisar de mais apoio para aprender como exibir os comportamentos esperados na sala de aula hospitalar. Tal estratégia auxilia para a criação de um ambiente educativo positivo para o processo de aprendizagem do estudante/paciente.

Mais tempo investido nas expectativas de ensino nas classes hospitalares pode reduzir drasticamente a incidência de comportamentos desafiadores dos estudantes/pacientes. Definir diretrizes e expectativas claras e modelar esses comportamentos durante as aulas planejadas, não apenas incentiva esses comportamentos, mas reforça a prática do pedagogo hospitalar em lidar com as mais diversas situações que possam vir a surgir.

Outra questão a ser pontuada é o elogio, pois esta é uma ferramenta poderosa no arsenal de um pedagogo que se encontra numa sala de aula hospitalar. O elogio específico de um comportamento ou até quanto ao processo de aprendizagem funciona para reconhecer e reforçar o comportamento positivo do estudante/paciente, além de contribuir para uma sala de aula onde os pacientes se esforçam para ter um melhor desempenho social, acadêmico e em lidar favoravelmente com o tratamento.

Dessa forma, entende-se que os pedagogos devem procurar ativamente comportamentos positivos nos pacientes. Ao deixarem de usar repreensões e atender o paciente apenas quando ocorrer um comportamento indesejado, os pedagogos aumentam substancialmente as chances de um comportamento adequado em sua sala de aula hospitalar.

CONCLUSÃO

O pedagogo hospitalar desempenha um papel extremamente importante no processo de recuperação da saúde física e emocional dos pacientes, uma vez que lhes oferece a possibilidade de continuarem o processo educacional e de socialização, auxiliando na geração de resiliência em estudantes hospitalizados.

Da mesma forma, tem sido apontado como uma das reflexões centrais, o fato de que a incorporação da pedagogia hospitalar é aplicada de forma efetiva voltada para a aprendizagem lúdica, sem pressões que de fato existam nas escolas tradicionais.

Os profissionais têm que desenvolver novas habilidades para enfrentar a resolução de problemas em um ambiente particularmente complexo, utilizando metodologias onde as crianças possam desenvolver sua área psicomotora fina e grosseira, buscando o desenvolvimento dia a dia. Eles podem sentir-se em outro mundo, experimentar, vivenciar e, acima de tudo, sentir-se totalmente livres e capazes de realizar qualquer atividade, mesmo que suas habilidades, muitas vezes, devido ao tratamento, não o permitam.

Diante disso, é sempre importante discutirmos a atuação do profissional pedagógico no ambiente hospitalar, os diversos vieses de contribuição e despertar para considerações a respeito da importância da educação e seus reflexos no processo educacional dos alunos hospitalizados.

Nessa direção, identificou-se que o pedagogo dentro do ambiente hospitalar tem sido um desafio interessante para os profissionais, pois, embora a educação tenha recebido uma demanda básica específica, existem necessidades contínuas, em decorrência do trabalho com sujeitos que possuem individualidade, devido às dificuldades que podem ser manifestadas.

São, portanto, os pedagogos hospitalares responsáveis pelas salas de aula que, adaptando-se às necessidades individuais de cada criança, recorrem a metodologias e infraestruturas diferentes de uma sala de aula para ensinarem em um ambiente hospitalar. São eles que dão a possibilidade à criança hospitalizada de continuar a aprender, para que a incorporação da escola e da rotina, após a sua recuperação, seja o mais positiva, agradável e rápida possível.

Em suma, a função de uma sala de aula hospitalar é evitar consequências negativas que podem causar a permanência da criança no hospital, bem como ulterior evasão escolar. Portanto, a partir da literatura, aponta-se que para a perspectiva psicológica o papel das salas de aula hospitalares é apoiar psicologicamente a recuperação física da criança, evidenciando, para isso, um olhar terapêutico, visto que a criança pode se tornar socializada, entre muitos outros benefícios, como a continuidade do processo de aprendizagem.

Na mesma linha, a educação como um ato humano deve ser promovida em um clima de liberdade para o paciente iniciar a aprendizagem. Para tanto, é necessário redimensionar e repensar a prática pedagógica para que haja maior respeito pelo estudante/paciente em sua condição humana.

Desde a concepção humanística, a ação educativa está voltada para a aprendizagem e a criatividade, onde o aluno é considerado um construtor ativo de seus conhecimentos e o professor um mediador, um promotor de seu desenvolvimento, consciente de seus problemas e criador de um clima de respeito, confiança e reciprocidade.

Em suma, a pedagogia hospitalar ainda está começando a se tornar conhecida. Porém, isso está apenas começando e, em alguns anos, espera-se ter hospitais com docentes de diversos níveis, com formação específica para a área, e todos ligados entre si para compartilhar projetos e atividades psicológicas de uma forma mais profunda.

Verifica-se a necessidade de estudos que tenham por objetivo abordar a interação realizada no contexto hospitalar a partir de observações, sejam elas sistematizadas ou não, uma vez que a maior parte dos estudos lidos teve como técnica de coleta a aplicação de questionários e técnicas de entrevistas.

ANEXO

Decreto-Lei n.º 1.044/69

> Dispõe sobre tratamento excepcional para os alunos portadores das afecções que indica.

OS MINISTROS DA MARINHA DE GUERRA, DO EXÉRCITO E DA AERONÁUTICA MILITAR, usando das atribuições que lhes confere o artigo 3º do Ato Institucional nº 16, de 14 de outubro de 1969, combinado com o § 1º do artigo 2º do Ato Institucional nº 5, de 13 de dezembro de 1968, e

CONSIDERANDO que a Constituição assegura a todos o direito à educação;

CONSIDERANDO que condições de saúde nem sempre permitem frequência do educando à escola, na proporção mínima exigida em lei, embora se encontrando o aluno em condições de aprendizagem;

CONSIDERANDO que a legislação admite, de um lado, o regime excepcional de classes especiais, de outro, o da equivalência de cursos e estudos, bem como o da educação peculiar dos excepcionais;

DECRETAM:

Art.1º São considerados merecedores de tratamento excepcional os alunos de qualquer nível de ensino, portadores de afecções congênitas ou adquiridas, infecções, traumatismo ou outras condições mórbidas, determinando distúrbios agudos ou agudizados, caracterizados por:

a) incapacidade física relativa, incompatível com a frequência aos trabalhos escolares; desde que se verifique a conservação das condições intelectuais e emocionais necessárias para o prosseguimento da atividade escolar em novos moldes;

b) ocorrência isolada ou esporádica;

c) duração que não ultrapasse o máximo ainda admissível, em cada caso, para a continuidade do processo pedagógico de aprendizado, atendendo a que tais características se verificam, entre outros, em casos de síndromes hemorrágicos (tais como a hemofilia), asma, cardite, pericardites, afecções osteoarticulares submetidas a correções ortopédicas, nefropatias agudas ou subagudas, afecções reumáticas, etc.

Art. 2º Atribuir a esses estudantes, como compensação da ausência às aulas, exercício domiciliares com acompanhamento da escola, sempre que compatíveis com o seu estado de saúde e as possibilidades do estabelecimento.

Art. 3º Dependerá o regime de exceção neste Decreto-lei estabelecido, de laudo médico elaborado por autoridade oficial do sistema educacional.

Art. 4º Será da competência do Diretor do estabelecimento a autorização, à autoridade superior imediata, do regime de exceção.

Art. 5º Este Decreto-lei entrará em vigor na data de sua publicação, revogadas as disposições em contrário.

Brasília, 21 de outubro de 1969; 148º da Independência e 81º da República.

AUGUSTO HAMANN RADEMAKER GRÜNEWALD
AURÉLIO DE LYRA TAVARES
MÁRCIO DE SOUZA E MELLO
Tarso Dutra

Recortes da Lei n.º 8.069/90

> Dispõe sobre o Estatuto da Criança e do Adolescente e dá outras providências

O PRESIDENTE DA REPÚBLICA: Faço saber que o Congresso Nacional decreta e eu sanciono a seguinte Lei:

Título I

Das Disposições Preliminares

Art. 1º Esta Lei dispõe sobre a proteção integral à criança e ao adolescente.

Art. 2º Considera-se criança, para os efeitos desta Lei, a pessoa até doze anos de idade incompletos, e adolescente aquela entre doze e dezoito anos de idade.

Parágrafo único. Nos casos expressos em lei, aplica-se excepcionalmente este Estatuto às pessoas entre dezoito e vinte e um anos de idade.

Art. 3º A criança e o adolescente gozam de todos os direitos fundamentais inerentes à pessoa humana, sem prejuízo da proteção integral de que trata esta Lei, assegurando-se-lhes, por lei ou por outros meios, todas as oportunidades e facilidades, a fim de lhes facultar o desenvolvimento físico, mental, moral, espiritual e social, em condições de liberdade e de dignidade.

Parágrafo único. Os direitos enunciados nesta Lei aplicam-se a todas as crianças e adolescentes, sem discriminação de nascimento, situação familiar, idade, sexo, raça, etnia ou cor, religião ou crença, deficiência, condição pessoal de desenvolvimento e aprendizagem, condição econômica, ambiente social, região e local de moradia ou outra condição que diferencie as pessoas, as famílias ou a comunidade em que vivem.

Art. 4º É dever da família, da comunidade, da sociedade em geral e do poder público assegurar, com absoluta prioridade, a efetivação dos direitos referentes à vida, à saúde, à alimentação, à educação, ao esporte, ao lazer, à profissionalização, à cultura, à dignidade, ao respeito, à liberdade e à convivência familiar e comunitária.

Parágrafo único. A garantia de prioridade compreende:

a) primazia de receber proteção e socorro em quaisquer circunstâncias;

b) precedência de atendimento nos serviços públicos ou de relevância pública;

c) preferência na formulação e na execução das políticas sociais públicas;

d) destinação privilegiada de recursos públicos nas áreas relacionadas com a proteção à infância e à juventude.

Art. 5º Nenhuma criança ou adolescente será objeto de qualquer forma de negligência, discriminação, exploração, violência, crueldade e opressão, punido na forma da lei qualquer atentado, por ação ou omissão, aos seus direitos fundamentais.

Art. 6º Na interpretação desta Lei levar-se-ão em conta os fins sociais a que ela se dirige, as exigências do bem comum, os direitos e deveres individuais e coletivos, e a condição peculiar da criança e do adolescente como pessoas em desenvolvimento.

Título II

Dos Direitos Fundamentais

Capítulo I

Do Direito à Vida e à Saúde

Art. 7º A criança e o adolescente têm direito a proteção à vida e à saúde, mediante a efetivação de políticas sociais públicas que permitam o nascimento e o desenvolvimento sadio e harmonioso, em condições dignas de existência.

Art. 11. É assegurado acesso integral às linhas de cuidado voltadas à saúde da criança e do adolescente, por intermédio do Sistema Único de Saúde, observado o princípio da equidade no acesso a ações e serviços para promoção, proteção e recuperação da saúde.

§ 1º A criança e o adolescente com deficiência serão atendidos, sem discriminação ou segregação, em suas necessidades gerais de saúde e específicas de habilitação e reabilitação.

§ 2º Incumbe ao poder público fornecer gratuitamente, àqueles que necessitarem, medicamentos, órteses, próteses e outras tecnologias assistivas relativas ao tratamento, habilitação ou reabilitação para crianças e adolescentes, de acordo com as linhas de cuidado voltadas às suas necessidades específicas.

§ 3º Os profissionais que atuam no cuidado diário ou frequente de crianças na primeira infância receberão formação específica e permanente para a detecção de sinais de risco para o desenvolvimento psíquico, bem como para o acompanhamento que se fizer necessário.

Art. 12. Os estabelecimentos de atendimento à saúde, inclusive as unidades neonatais, de terapia intensiva e de cuidados intermediários, deverão proporcionar condições para a permanência em tempo integral de um dos pais ou responsável, nos casos de internação de criança ou adolescente.

Art. 13. Os casos de suspeita ou confirmação de castigo físico, de tratamento cruel ou degradante e de maus-tratos contra criança ou adolescente serão obrigatoriamente comunicados ao Conselho Tutelar da respectiva localidade, sem prejuízo de outras providências legais.2º Os serviços de saúde em suas diferentes portas de entrada, os serviços de assistência social em seu componente especializado, o Centro de Referência Especializado de Assistência Social (Creas) e os demais órgãos do Sistema de Garantia de Direitos da Criança e do Adolescente deverão conferir máxima prioridade ao atendimento das crianças na faixa etária da primeira infância com suspeita ou confirmação de violência de qualquer natureza, formulando projeto terapêutico singular que inclua intervenção em rede e, se necessário, acompanhamento domiciliar.

Capítulo II

Do Direito à Liberdade, ao Respeito e à Dignidade

Art. 15. A criança e o adolescente têm direito à liberdade, ao respeito e à dignidade como pessoas humanas em processo de desenvolvimento e como sujeitos de direitos civis, humanos e sociais garantidos na Constituição e nas leis.

Art. 16. O direito à liberdade compreende os seguintes aspectos:

I – ir, vir e estar nos logradouros públicos e espaços comunitários, ressalvadas as restrições legais;

II – opinião e expressão;

III – crença e culto religioso;

IV – brincar, praticar esportes e divertir-se;

V – participar da vida familiar e comunitária, sem discriminação;

VI – participar da vida política, na forma da lei;

VII – buscar refúgio, auxílio e orientação.

Art. 17. O direito ao respeito consiste na inviolabilidade da integridade física, psíquica e moral da criança e do adolescente, abrangendo a preservação da imagem, da identidade, da autonomia, dos valores, ideias e crenças, dos espaços e objetos pessoais.

Art. 18. É dever de todos velar pela dignidade da criança e do adolescente, pondo-os a salvo de qualquer tratamento desumano, violento, aterrorizante, vexatório ou constrangedor.

Art. 18-A. A criança e o adolescente têm o direito de ser educados e cuidados sem o uso de castigo físico ou de tratamento cruel ou degradante, como formas de correção, disciplina, educação ou qualquer outro pretexto, pelos pais, pelos integrantes da família ampliada, pelos responsáveis, pelos agentes públicos executores de medidas socioeducativas ou por qualquer pessoa encarregada de cuidar deles, tratá-los, educá-los ou protegê-los.

Parágrafo único. Para os fins desta Lei, considera-se:

I – castigo físico: ação de natureza disciplinar ou punitiva aplicada com o uso da força física sobre a criança ou o adolescente que resulte em:

a) sofrimento físico; ou

b) lesão;

II – tratamento cruel ou degradante: conduta ou forma cruel de tratamento em relação à criança ou ao adolescente que:

a) humilhe; ou

b) ameace gravemente; ou

c) ridicularize.

Art. 18-B. Os pais, os integrantes da família ampliada, os responsáveis, os agentes públicos executores de medidas socioeducativas ou qualquer pessoa encarregada de cuidar de crianças e de adolescentes, tratá-los, educá-los ou protegê-los que utilizarem castigo físico ou tratamento cruel ou degradante como formas de correção, disciplina, educação ou qualquer outro pretexto estarão sujeitos, sem prejuízo de outras sanções cabíveis, às seguintes medidas, que serão aplicadas de acordo com a gravidade do caso:

I – encaminhamento a programa oficial ou comunitário de proteção à família;

II – encaminhamento a tratamento psicológico ou psiquiátrico;

III – encaminhamento a cursos ou programas de orientação;

IV – obrigação de encaminhar a criança a tratamento especializado;

V – advertência.

VI – garantia de tratamento de saúde especializado à vítima.

Parágrafo único. As medidas previstas neste artigo serão aplicadas pelo Conselho Tutelar, sem prejuízo de outras providências legais.

Capítulo IV
Do Direito à Educação, à Cultura, ao Esporte e ao Lazer

Art. 53. A criança e o adolescente têm direito à educação, visando ao pleno desenvolvimento de sua pessoa, preparo para o exercício da cidadania e qualificação para o trabalho, assegurando-se-lhes:

I – igualdade de condições para o acesso e permanência na escola;

II – direito de ser respeitado por seus educadores;

III – direito de contestar critérios avaliativos, podendo recorrer às instâncias escolares superiores;

IV – direito de organização e participação em entidades estudantis;

V – acesso à escola pública e gratuita, próxima de sua residência, garantindo-se vagas no mesmo estabelecimento a irmãos que frequentem a mesma etapa ou ciclo de ensino da educação básica.

Parágrafo único. É direito dos pais ou responsáveis ter ciência do processo pedagógico, bem como participar da definição das propostas educacionais.

Art. 53-A. É dever da instituição de ensino, clubes e agremiações recreativas e de estabelecimentos congêneres assegurar medidas de conscientização, prevenção e enfrentamento ao uso ou dependência de drogas ilícitas.

Art. 54. É dever do Estado assegurar à criança e ao adolescente:

I – ensino fundamental, obrigatório e gratuito, inclusive para os que a ele não tiveram acesso na idade própria;

II – progressiva extensão da obrigatoriedade e gratuidade ao ensino médio;

III – atendimento educacional especializado aos portadores de deficiência, preferencialmente na rede regular de ensino;

IV – atendimento em creche e pré-escola às crianças de zero a cinco anos de idade;

V – acesso aos níveis mais elevados do ensino, da pesquisa e da criação artística, segundo a capacidade de cada um;

VI – oferta de ensino noturno regular, adequado às condições do adolescente trabalhador;

VII – atendimento no ensino fundamental, através de programas suplementares de material didático-escolar, transporte, alimentação e assistência à saúde.

§ 1º O acesso ao ensino obrigatório e gratuito é direito público subjetivo.

§ 2º O não oferecimento do ensino obrigatório pelo poder público ou sua oferta irregular importa responsabilidade da autoridade competente.

§ 3º Compete ao poder público recensear os educandos no ensino fundamental, fazer-lhes a chamada e zelar, junto aos pais ou responsável, pela frequência à escola.

Art. 55. Os pais ou responsável têm a obrigação de matricular seus filhos ou pupilos na rede regular de ensino.

Art. 56. Os dirigentes de estabelecimentos de ensino fundamental comunicarão ao Conselho Tutelar os casos de:

I – maus-tratos envolvendo seus alunos;

II – reiteração de faltas injustificadas e de evasão escolar, esgotados os recursos escolares;

III – elevados níveis de repetência.

Art. 57. O poder público estimulará pesquisas, experiências e novas propostas relativas a calendário, seriação, currículo, metodologia, didática e avaliação, com vistas à inserção de crianças e adolescentes excluídos do ensino fundamental obrigatório.

Art. 58. No processo educacional respeitar-se-ão os valores culturais, artísticos e históricos próprios do contexto social da criança e do adolescente, garantindo-se a estes a liberdade da criação e o acesso às fontes de cultura.

Art. 59. Os municípios, com apoio dos estados e da União, estimularão e facilitarão a destinação de recursos e espaços para programações culturais, esportivas e de lazer voltadas para a infância e a juventude.

Capítulo V

Do Direito à Profissionalização e à Proteção no Trabalho

Art. 60. É proibido qualquer trabalho a menores de quatorze anos de idade, salvo na condição de aprendiz.

Art. 61. A proteção ao trabalho dos adolescentes é regulada por legislação especial, sem prejuízo do disposto nesta Lei.

Art. 62. Considera-se aprendizagem a formação técnico-profissional ministrada segundo as diretrizes e bases da legislação de educação em vigor.

Art. 63. A formação técnico-profissional obedecerá aos seguintes princípios:

I – garantia de acesso e frequência obrigatória ao ensino regular;

II – atividade compatível com o desenvolvimento do adolescente;

III – horário especial para o exercício das atividades.

Art. 64. Ao adolescente até quatorze anos de idade é assegurada bolsa de aprendizagem.

Art. 65. Ao adolescente aprendiz, maior de quatorze anos, são assegurados os direitos trabalhistas e previdenciários.

Art. 66. Ao adolescente portador de deficiência é assegurado trabalho protegido.

Art. 67. Ao adolescente empregado, aprendiz, em regime familiar de trabalho, aluno de escola técnica, assistido em entidade governamental ou não-governamental, é vedado trabalho:

I – noturno, realizado entre as vinte e duas horas de um dia e as cinco horas do dia seguinte;

II – perigoso, insalubre ou penoso;

III – realizado em locais prejudiciais à sua formação e ao seu desenvolvimento físico, psíquico, moral e social;

IV – realizado em horários e locais que não permitam a frequência à escola.

Art. 68. O programa social que tenha por base o trabalho educativo, sob responsabilidade de entidade governamental ou não-governamental sem fins lucrativos, deverá assegurar ao adolescente que dele participe condições de capacitação para o exercício de atividade regular remunerada.

§ 1º Entende-se por trabalho educativo a atividade laboral em que as exigências pedagógicas relativas ao desenvolvimento pessoal e social do educando prevalecem sobre o aspecto produtivo.

§ 2º A remuneração que o adolescente recebe pelo trabalho efetuado ou a participação na venda dos produtos de seu trabalho não desfigura o caráter educativo.

Art. 69. O adolescente tem direito à profissionalização e à proteção no trabalho, observados os seguintes aspectos, entre outros:

I – respeito à condição peculiar de pessoa em desenvolvimento;

II – capacitação profissional adequada ao mercado de trabalho.

Título III

Da Prevenção

Capítulo I

Disposições Gerais

Art. 70. É dever de todos prevenir a ocorrência de ameaça ou violação dos direitos da criança e do adolescente.

Art. 70-A. A União, os Estados, o Distrito Federal e os Municípios deverão atuar de forma articulada na elaboração de políticas públicas e na execução de ações destinadas a coibir o uso de castigo físico ou de tratamento cruel ou degradante e difundir formas não violentas de educação de crianças e de adolescentes, tendo como principais ações:

I – a promoção de campanhas educativas permanentes para a divulgação do direito da criança e do adolescente de serem educados e cuidados sem o uso de castigo físico ou de tratamento cruel ou degradante e dos instrumentos de proteção aos direitos humanos;

II – a integração com os órgãos do Poder Judiciário, do Ministério Público e da Defensoria Pública, com o Conselho Tutelar, com os Conselhos de Direitos da Criança e do Adolescente e com as entidades não governamentais que atuam na promoção, proteção e defesa dos direitos da criança e do adolescente;

III – a formação continuada e a capacitação dos profissionais de saúde, educação e assistência social e dos demais agentes que atuam na promoção, proteção e defesa dos direitos da criança e do adolescente para o desenvolvimento das competências necessárias à prevenção, à identificação de evidências, ao diagnóstico e ao enfrentamento de todas as formas de violência contra a criança e o adolescente;

IV – o apoio e o incentivo às práticas de resolução pacífica de conflitos que envolvam violência contra a criança e o adolescente;

V – a inclusão, nas políticas públicas, de ações que visem a garantir os direitos da criança e do adolescente, desde a atenção pré-natal, e de atividades junto aos pais e responsáveis com o objetivo de promover a informação, a reflexão, o debate e a orientação sobre alternativas ao uso de castigo físico ou de tratamento cruel ou degradante no processo educativo;

VI – a promoção de espaços intersetoriais locais para a articulação de ações e a elaboração de planos de atuação conjunta focados nas famílias em situação de violência, com participação de profissionais de saúde, de assistência social e de educação e de órgãos de promoção, proteção e defesa dos direitos da criança e do adolescente.

VII – a promoção de estudos e pesquisas, de estatísticas e de outras informações relevantes às consequências e à frequência das formas de violência contra a criança e o adolescente para a sistematização de dados nacionalmente unificados e a avaliação periódica dos resultados das medidas adotadas;

VIII – o respeito aos valores da dignidade da pessoa humana, de forma a coibir a violência, o tratamento cruel ou degradante e as formas violentas de educação, correção ou disciplina;

IX – a promoção e a realização de campanhas educativas direcionadas ao público escolar e à sociedade em geral e a difusão desta Lei e dos instrumentos de proteção aos direitos humanos das crianças e dos adolescentes, incluídos os canais de denúncia existentes;

X – a celebração de convênios, de protocolos, de ajustes, de termos e de outros instrumentos de promoção de parceria entre órgãos governamentais ou entre estes e entidades não governamentais, com o objetivo de implementar programas de erradicação da violência, de tratamento cruel ou degradante e de formas violentas de educação, correção ou disciplina;

XI – a capacitação permanente das Polícias Civil e Militar, da Guarda Municipal, do Corpo de Bombeiros, dos profissionais nas escolas, dos Conselhos Tutelares e dos profissionais pertencentes aos órgãos e às áreas referidos no inciso II deste **caput**, para que identifiquem situações em que crianças e adolescentes vivenciam violência e agressões no âmbito familiar ou institucional;

XII – a promoção de programas educacionais que disseminem valores éticos de irrestrito respeito à dignidade da pessoa humana, bem como de programas de fortalecimento da parentalidade positiva, da educação sem castigos físicos e de ações de prevenção e enfrentamento da violência doméstica e familiar contra a criança e o adolescente;

XIII – o destaque, nos currículos escolares de todos os níveis de ensino, dos conteúdos relativos à prevenção, à identificação e à resposta à violência doméstica e familiar.

Parágrafo único. As famílias com crianças e adolescentes com deficiência terão prioridade de atendimento nas ações e políticas públicas de prevenção e proteção.

Art. 70-B. As entidades, públicas e privadas, que atuem nas áreas da saúde e da educação, além daquelas às quais se refere o art. 71 desta Lei, entre outras, devem contar, em seus quadros, com pessoas capacitadas a reconhecer e a comunicar ao Conselho Tutelar suspeitas ou casos de crimes praticados contra a criança e o adolescente.

Parágrafo único. São igualmente responsáveis pela comunicação de que trata este artigo, as pessoas encarregadas, por razão de cargo, função, ofício, ministério, profissão ou ocupação, do cuidado, assistência ou guarda de crianças e adolescentes, punível, na forma deste Estatuto, o injustificado retardamento ou omissão, culposos ou dolosos.

Art. 71. A criança e o adolescente têm direito a informação, cultura, lazer, esportes, diversões, espetáculos e produtos e serviços que respeitem sua condição peculiar de pessoa em desenvolvimento.

Art. 72. As obrigações previstas nesta Lei não excluem da prevenção especial outras decorrentes dos princípios por ela adotados.

Art. 73. A inobservância das normas de prevenção importará em responsabilidade da pessoa física ou jurídica, nos termos desta Lei.

Capítulo II
Da Prevenção Especial

Seção I
Da informação, Cultura, Lazer, Esportes, Diversões e Espetáculos

Art. 74. O poder público, através do órgão competente, regulará as diversões e espetáculos públicos, informando sobre a natureza deles, as faixas etárias a que não se recomendem, locais e horários em que sua apresentação se mostre inadequada.

Parágrafo único. Os responsáveis pelas diversões e espetáculos públicos deverão afixar, em lugar visível e de fácil acesso, à entrada do local de exibição, informação destacada sobre a natureza do espetáculo e a faixa etária especificada no certificado de classificação.

Art. 75. Toda criança ou adolescente terá acesso às diversões e espetáculos públicos classificados como adequados à sua faixa etária.

Parágrafo único. As crianças menores de dez anos somente poderão ingressar e permanecer nos locais de apresentação ou exibição quando acompanhadas dos pais ou responsável.

Art. 76. As emissoras de rádio e televisão somente exibirão, no horário recomendado para o público infanto juvenil, programas com finalidades educativas, artísticas, culturais e informativas.

Parágrafo único. Nenhum espetáculo será apresentado ou anunciado sem aviso de sua classificação, antes de sua transmissão, apresentação ou exibição.

Art. 77. Os proprietários, diretores, gerentes e funcionários de empresas que explorem a venda ou aluguel de fitas de programação em vídeo cuidarão para que não haja venda ou locação em desacordo com a classificação atribuída pelo órgão competente.

Parágrafo único. As fitas a que alude este artigo deverão exibir, no invólucro, informação sobre a natureza da obra e a faixa etária a que se destinam.

Art. 78. As revistas e publicações contendo material impróprio ou inadequado a crianças e adolescentes deverão ser comercializadas em embalagem lacrada, com a advertência de seu conteúdo.

Parágrafo único. As editoras cuidarão para que as capas que contenham mensagens pornográficas ou obscenas sejam protegidas com embalagem opaca.

Art. 79. As revistas e publicações destinadas ao público infanto-juvenil não poderão conter ilustrações, fotografias, legendas, crônicas ou anúncios de bebidas alcoólicas, tabaco, armas e munições, e deverão respeitar os valores éticos e sociais da pessoa e da família.

Art. 80. Os responsáveis por estabelecimentos que explorem comercialmente bilhar, sinuca ou congênere ou por casas de jogos, assim entendidas as que realizem apostas, ainda que eventualmente, cuidarão para que não seja permitida a entrada e a permanência de crianças e adolescentes no local, afixando aviso para orientação do público.

Parte Especial
Título I
Da Política de Atendimento
Capítulo I
Disposições Gerais

Art. 86. A política de atendimento dos direitos da criança e do adolescente far-se-á através de um conjunto articulado de ações governamentais e não-governamentais, da União, dos estados, do Distrito Federal e dos municípios.

Art. 87. São linhas de ação da política de atendimento:

I – políticas sociais básicas;

II – serviços, programas, projetos e benefícios de assistência social de garantia de proteção social e de prevenção e redução de violações de direitos, seus agravamentos ou reincidências;

III – serviços especiais de prevenção e atendimento médico e psicossocial às vítimas de negligência, maus-tratos, exploração, abuso, crueldade e opressão;

IV – serviço de identificação e localização de pais, responsável, crianças e adolescentes desaparecidos;

V – proteção jurídico-social por entidades de defesa dos direitos da criança e do adolescente.

VI – políticas e programas destinados a prevenir ou abreviar o período de afastamento do convívio familiar e a garantir o efetivo exercício do direito à convivência familiar de crianças e adolescentes;

VII – campanhas de estímulo ao acolhimento sob forma de guarda de crianças e adolescentes afastados do convívio familiar e à adoção, especificamente inter-racial, de crianças maiores ou de adolescentes, com necessidades específicas de saúde ou com deficiências e de grupos de irmãos.

Parágrafo único. A linha de ação da política de atendimento a que se refere o inciso IV do **caput** deste artigo será executada em cooperação com o Cadastro Nacional de Pessoas Desaparecidas, criado pela Lei nº 13.812, de 16 de março de 2019, com o Cadastro Nacional de Crianças e Adolescentes Desaparecidos, criado pela Lei nº 12.127, de 17 de dezembro de 2009, e com os demais cadastros, sejam eles nacionais, estaduais ou municipais.

Art. 88. São diretrizes da política de atendimento:

I – municipalização do atendimento;

II – criação de conselhos municipais, estaduais e nacional dos direitos da criança e do adolescente, órgãos deliberativos e controladores das ações em todos os níveis, assegurada a participação popular paritária por meio de organizações representativas, segundo leis federal, estaduais e municipais;

III – criação e manutenção de programas específicos, observada a descentralização político-administrativa;

IV – manutenção de fundos nacional, estaduais e municipais vinculados aos respectivos conselhos dos direitos da criança e do adolescente;

V – integração operacional de órgãos do Judiciário, Ministério Público, Defensoria, Segurança Pública e Assistência Social, preferencialmente em um mesmo local, para efeito de agilização do atendimento inicial a adolescente a quem se atribua autoria de ato infracional;

VI – integração operacional de órgãos do Judiciário, Ministério Público, Defensoria, Conselho Tutelar e encarregados da execução das políticas sociais básicas e de assistência social, para efeito de agilização do atendimento de crianças e de adolescentes inseridos em programas de acolhimento familiar ou institucional, com vista na sua rápida reintegração à família de origem ou, se tal solução se mostrar comprovadamente inviável, sua colocação em família substituta, em quaisquer das modalidades previstas no art. 28 desta Lei;

VII – mobilização da opinião pública para a indispensável participação dos diversos segmentos da sociedade.

VIII – especialização e formação continuada dos profissionais que trabalham nas diferentes áreas da atenção à primeira infância, incluindo os conhecimentos sobre direitos da criança e sobre desenvolvimento infantil;

IX – formação profissional com abrangência dos diversos direitos da criança e do adolescente que favoreça a intersetorialidade no atendimento da criança e do adolescente e seu desenvolvimento integral;

X – eralização e divulgação de pesquisas sobre desenvolvimento infantil e sobre prevenção da violência.

Art. 89. A função de membro do conselho nacional e dos conselhos estaduais e municipais dos direitos da criança e do adolescente é considerada de interesse público relevante e não será remunerada.

Capítulo II
Das Entidades de Atendimento
Seção I
Disposições Gerais

Art. 90. As entidades de atendimento são responsáveis pela manutenção das próprias unidades, assim como pelo planejamento e execução de programas de proteção e sócio-educativos destinados a crianças e adolescentes, em regime de:

I – orientação e apoio sócio-familiar;

II – apoio sócio-educativo em meio aberto;

III – colocação familiar;

IV – acolhimento institucional;

V – prestação de serviços à comunidade;

VI – liberdade assistida;

VII – semiliberdade; e

VIII – internação.

§ 1º As entidades governamentais e não governamentais deverão proceder à inscrição de seus programas, especificando os regimes de atendimento, na forma definida neste artigo, no Conselho Municipal dos Direitos da Criança e do Adolescente, o qual manterá registro das inscrições e de suas alterações, do que fará comunicação ao Conselho Tutelar e à autoridade judiciária.

§ 2º Os recursos destinados à implementação e manutenção dos programas relacionados neste artigo serão previstos nas dotações orçamentárias dos órgãos públicos encarregados das áreas de Educação, Saúde e Assistência Social, dentre outros, observando-se o princípio da prioridade absoluta à criança e ao adolescente preconizado pelo caput do art. 227 da Constituição Federal e pelo caput e parágrafo único do art. 4º desta Lei.

§ 3º Os programas em execução serão reavaliados pelo Conselho Municipal dos Direitos da Criança e do Adolescente, no máximo, a cada 2 (dois) anos, constituindo-se critérios para renovação da autorização de funcionamento:

I – o efetivo respeito às regras e princípios desta Lei, bem como às resoluções relativas à modalidade de atendimento prestado expedidas pelos Conselhos de Direitos da Criança e do Adolescente, em todos os níveis;

II – a qualidade e eficiência do trabalho desenvolvido, atestadas pelo Conselho Tutelar, pelo Ministério Público e pela Justiça da Infância e da Juventude;

III – em se tratando de programas de acolhimento institucional ou familiar, serão considerados os índices de sucesso na reintegração familiar ou de adaptação à família substituta, conforme o caso.

Art. 91. As entidades não-governamentais somente poderão funcionar depois de registradas no Conselho Municipal dos Direitos da Criança e do Adolescente, o qual comunicará o registro ao Conselho Tutelar e à autoridade judiciária da respectiva localidade.

§ 1º Será negado o registro à entidade que:

a) não ofereça instalações físicas em condições adequadas de habitabilidade, higiene, salubridade e segurança;

b) não apresente plano de trabalho compatível com os princípios desta Lei;

c) esteja irregularmente constituída;

d) tenha em seus quadros pessoas inidôneas.

e) não se adequar ou deixar de cumprir as resoluções e deliberações relativas à modalidade de atendimento prestado expedidas pelos Conselhos de Direitos da Criança e do Adolescente, em todos os níveis.

§ 2º O registro terá validade máxima de 4 (quatro) anos, cabendo ao Conselho Municipal dos Direitos da Criança e do Adolescente, periodicamente, reavaliar o cabimento de sua renovação, observado o disposto no § 1º deste artigo.

Art. 92. As entidades que desenvolvam programas de acolhimento familiar ou institucional deverão adotar os seguintes princípios:

I – preservação dos vínculos familiares e promoção da reintegração familiar;

II – integração em família substituta, quando esgotados os recursos de manutenção na família natural ou extensa;

III – atendimento personalizado e em pequenos grupos;

IV – desenvolvimento de atividades em regime de co-educação;

V – não desmembramento de grupos de irmãos;

VI – evitar, sempre que possível, a transferência para outras entidades de crianças e adolescentes abrigados;

VII – participação na vida da comunidade local;

VIII – preparação gradativa para o desligamento;

IX – participação de pessoas da comunidade no processo educativo.

§ 1º O dirigente de entidade que desenvolve programa de acolhimento institucional é equiparado ao guardião, para todos os efeitos de direito.

§ 2º Os dirigentes de entidades que desenvolvem programas de acolhimento familiar ou institucional remeterão à autoridade judiciária, no máximo a cada 6 (seis) meses, relatório circunstanciado acerca da situação de cada criança ou adolescente acolhido e sua família, para fins da reavaliação prevista no § 1º do art. 19 desta Lei.

§ 3º Os entes federados, por intermédio dos Poderes Executivo e Judiciário, promoverão conjuntamente a permanente qualificação dos profissionais que atuam direta ou indiretamente em programas de acolhimento institucional e destinados à colocação familiar de crianças e adolescentes, incluindo membros do Poder Judiciário, Ministério Público e Conselho Tutelar.

§ 4º Salvo determinação em contrário da autoridade judiciária competente, as entidades que desenvolvem programas de acolhimento familiar ou institucional, se necessário com o auxílio do Conselho

Tutelar e dos órgãos de assistência social, estimularão o contato da criança ou adolescente com seus pais e parentes, em cumprimento ao disposto nos incisos I e VIII do caput deste artigo.

§ 5º As entidades que desenvolvem programas de acolhimento familiar ou institucional somente poderão receber recursos públicos se comprovado o atendimento dos princípios, exigências e finalidades desta Lei.

§ 6º O descumprimento das disposições desta Lei pelo dirigente de entidade que desenvolva programas de acolhimento familiar ou institucional é causa de sua destituição, sem prejuízo da apuração de sua responsabilidade administrativa, civil e criminal.

§ 7º Quando se tratar de criança de 0 (zero) a 3 (três) anos em acolhimento institucional, dar-se-á especial atenção à atuação de educadores de referência estáveis e qualitativamente significativos, às rotinas específicas e ao atendimento das necessidades básicas, incluindo as de afeto como prioritárias.

Art. 94. As entidades que desenvolvem programas de internação têm as seguintes obrigações, entre outras:

I – observar os direitos e garantias de que são titulares os adolescentes;

II – não restringir nenhum direito que não tenha sido objeto de restrição na decisão de internação;

III – oferecer atendimento personalizado, em pequenas unidades e grupos reduzidos;

IV – preservar a identidade e oferecer ambiente de respeito e dignidade ao adolescente;

V – diligenciar no sentido do restabelecimento e da preservação dos vínculos familiares;

VI – comunicar à autoridade judiciária, periodicamente, os casos em que se mostre inviável ou impossível o reatamento dos vínculos familiares;

VII – oferecer instalações físicas em condições adequadas de habitabilidade, higiene, salubridade e segurança e os objetos necessários à higiene pessoal;

VIII – oferecer vestuário e alimentação suficientes e adequados à faixa etária dos adolescentes atendidos;

IX – oferecer cuidados médicos, psicológicos, odontológicos e farmacêuticos;

X – propiciar escolarização e profissionalização;

XI – propiciar atividades culturais, esportivas e de lazer;

XII – propiciar assistência religiosa àqueles que desejarem, de acordo com suas crenças;

XIII – proceder a estudo social e pessoal de cada caso;

XIV – reavaliar periodicamente cada caso, com intervalo máximo de seis meses, dando ciência dos resultados à autoridade competente;

XV – informar, periodicamente, o adolescente internado sobre sua situação processual;

XVI – comunicar às autoridades competentes todos os casos de adolescentes portadores de moléstias infectocontagiosas;

XVII – fornecer comprovante de depósito dos pertences dos adolescentes;

XVIII – manter programas destinados ao apoio e acompanhamento de egressos;

XIX – providenciar os documentos necessários ao exercício da cidadania àqueles que não os tiverem;

XX – manter arquivo de anotações onde constem data e circunstâncias do atendimento, nome do adolescente, seus pais ou responsável, parentes, endereços, sexo, idade, acompanhamento da sua formação, relação de seus pertences e demais dados que possibilitem sua identificação e a individualização do atendimento.

§ 1º Aplicam-se, no que couber, as obrigações constantes deste artigo às entidades que mantêm programas de acolhimento institucional e familiar.

§ 2º No cumprimento das obrigações a que alude este artigo as entidades utilizarão preferencialmente os recursos da comunidade.

Art. 94-A. As entidades, públicas ou privadas, que abriguem ou recepcionem crianças e adolescentes, ainda que em caráter temporário, devem ter, em seus quadros, profissionais capacitados a reconhecer e reportar ao Conselho Tutelar suspeitas ou ocorrências de maus-tratos.

Seção II
Da Fiscalização das Entidades

Art. 95. As entidades governamentais e não-governamentais referidas no art. 90 serão fiscalizadas pelo Judiciário, pelo Ministério Público e pelos Conselhos Tutelares.

Art. 96. Os planos de aplicação e as prestações de contas serão apresentados ao estado ou ao município, conforme a origem das dotações orçamentárias.

Art. 97. São medidas aplicáveis às entidades de atendimento que descumprirem obrigação constante do art. 94, sem prejuízo da responsabilidade civil e criminal de seus dirigentes ou prepostos:

I – às entidades governamentais:

a) advertência;

b) afastamento provisório de seus dirigentes;

c) afastamento definitivo de seus dirigentes;

d) fechamento de unidade ou interdição de programa.

II – às entidades não-governamentais:

a) advertência;

b) suspensão total ou parcial do repasse de verbas públicas;

c) interdição de unidades ou suspensão de programa;

d) cassação do registro.

§ 1º Em caso de reiteradas infrações cometidas por entidades de atendimento, que coloquem em risco os direitos assegurados nesta Lei, deverá ser o fato comunicado ao Ministério Público ou representado perante autoridade judiciária competente para as providências cabíveis, inclusive suspensão das atividades ou dissolução da entidade.

§ 2º As pessoas jurídicas de direito público e as organizações não governamentais responderão pelos danos que seus agentes causarem às crianças e aos adolescentes, caracterizado o descumprimento dos princípios norteadores das atividades de proteção específica.

Art. 224. Aplicam-se subsidiariamente, no que couber, as disposições da Lei n.º 7.347, de 24 de julho de 1985.

Art. 265-A. O poder público fará periodicamente ampla divulgação dos direitos da criança e do adolescente nos meios de comunicação social.

Parágrafo único. A divulgação a que se refere o **caput** será veiculada em linguagem clara, compreensível e adequada a crianças e adolescentes, especialmente às crianças com idade inferior a 6 (seis) anos.

Art. 266. Esta Lei entra em vigor noventa dias após sua publicação.

Parágrafo único. Durante o período de vacância deverão ser promovidas atividades e campanhas de divulgação e esclarecimentos acerca do disposto nesta Lei.

Art. 267. Revogam-se as Leis n.º 4.513, de 1964, e 6.697, de 10 de outubro de 1979 (Código de Menores), e as demais disposições em contrário.

Brasília, 13 de julho de 1990; 169º da Independência e 102º da República.
FERNANDO COLLOR
Bernardo Cabral
Carlos Chiarelli
Antônio Magri
Margarida Procópio

# Resolução n.º 41/95

Brasil. Conselho Nacional de Direitos da Criança e do Adolescente. Resolução Nº 41, de 13 de outubro de 1995. DOU, Seção 1, de 17/10/1995.

Aprova na íntegra o texto da Sociedade Brasileira de Pediatria, relativo aos direitos da criança e do adolescente hospitalizados.

O Conselho Nacional de Direitos da Criança e do Adolescente reunido em sua Vigésima Sétima Assembleia Ordinária e considerando o disposto no Art. 3º da Lei 8.242, de 12 de outubro de 1991, resolve: I. Aprovar em sua íntegra o texto oriundo da Sociedade Brasileira de Pediatria, relativo aos Direitos da Criança e do Adolescente Hospitalizados, cujo teor anexa-se ao presente ato. II. Esta resolução entra em vigor na data de sua publicação.

1.Direito à proteção à vida e à saúde, com absoluta prioridade e sem qualquer forma de discriminação.

2.Direito a ser hospitalizado quando for necessário ao seu tratamento, sem distinção de classe social, condição econômica, raça ou crença religiosa.

3.Direito a não ser ou permanecer hospitalizado desnecessariamente por qualquer razão alheia ao melhor tratamento de sua enfermidade.

4.Direito a ser acompanhado por sua mãe, pai ou responsável, durante todo o período de sua hospitalização, bem como receber visitas.

5.Direito a não ser separado de sua mãe ao nascer.

6.Direito a receber aleitamento materno sem restrições.

7.Direito a não sentir dor, quando existam meios para evitá-la.

8.Direito a ter conhecimento adequado de sua enfermidade, dos cuidados terapêuticos e diagnósticos a serem utilizados, do prognóstico, respeitando sua fase cognitiva, além de receber amparo psicológico, quando se fizer necessário.

9.Direito a desfrutar de alguma forma de recreação, programas de educação para a saúde, acompanhamento do currículo escolar, durante sua permanência hospitalar.

10.Direito a que seus pais ou responsáveis participem ativamente do seu prognóstico, tratamento e prognóstico, recebendo informações sobre os procedimentos a que será submetido.

11.Direito a receber apoio espiritual e religioso conforme prática de sua família.

12.Direito a não ser objeto de ensaio clínico, provas diagnósticas e terapêuticas, sem o consentimento informado de seus pais ou responsáveis e o seu próprio, quando tiver discernimento para tal.

13.Direito a receber todos os recursos terapêuticos disponíveis para a sua cura, reabilitação e ou prevenção secundária e terciária.

14.Direito a proteção contra qualquer forma de discriminação, negligência ou maus-tratos.

15.Direito ao respeito a sua integridade física, psíquica e moral.

16.Direito a preservação de sua imagem, identidade, autonomia de valores, dos espaços e objetos pessoais.

17.Direito a não ser utilizado pelos meios de comunicação, sem a expressa vontade de seus pais ou responsáveis, ou a sua própria vontade, resguardando-se a ética.

18.Direito a confidência dos seus dados clínicos, bem como direito a tomar conhecimento dos dados arquivados na instituição, pelo prazo estipulado em lei.

19.Direito a ter seus direitos constitucionais e os contidos no Estatuto da Criança e do Adolescente respeitados pelos hospitais integralmente.

20.Direito a ter uma morte digna, junto a seus familiares, quando esgotados todos os recursos terapêuticos disponíveis

Lei n.º 11.104/05

> Dispõe sobre a obrigatoriedade de instalação de brinquedotecas nas unidades de saúde que ofereçam atendimento pediátrico em regime de internação.

O PRESIDENTE DA REPÚBLICA Faço saber que o Congresso Nacional decreta e eu sanciono a seguinte Lei:

Art. 1º Os hospitais que ofereçam atendimento pediátrico contarão, obrigatoriamente, com brinquedotecas nas suas dependências.

Parágrafo único. O disposto no **caput** deste artigo aplica-se a qualquer unidade de saúde que ofereça atendimento pediátrico em regime de internação.

Art. 2º Considera-se brinquedoteca, para os efeitos desta Lei, o espaço provido de brinquedos e jogos educativos, destinado a estimular as crianças e seus acompanhantes a brincar.

Art. 3º A inobservância do disposto no art. 1º desta Lei configura infração à legislação sanitária federal e sujeita seus infratores às penalidades previstas no inciso II do art. 10 da Lei nº 6.437, de 20 de agosto de 1977.

Art. 4º Esta Lei entra em vigor 180 (cento e oitenta) dias após a data de sua publicação

Brasília, 21 de março de 2005; 184º da Independência e 117º da República.

LUIZ INÁCIO LULA DA SILVA
Tarso Genro
Humberto Sérgio Costa Lima

Parecer CNE/CEB n.º 20/2009

> Fixa as Diretrizes Curriculares Nacionais para a Educação Infantil.

O Presidente da Câmara de Educação Básica do Conselho Nacional de Educação, no uso de suas atribuições legais, com fundamento no art. 9º, § 1º, alínea "c" da Lei nº 4.024, de 20 de dezembro de 1961, com a redação dada pela Lei nº 9.131, de 25 de novembro de 1995, e tendo em vista o Parecer CNE/CEB nº 20/2009, homologado por Despacho do Senhor Ministro de Estado da Educação, publicado no DOU de, resolve:

Art. 1º A presente Resolução institui as Diretrizes Curriculares Nacionais para a Educação Infantil a serem observadas na organização de propostas pedagógicas na Educação Infantil. Art. 2º As Diretrizes Curriculares Nacionais para a Educação Infantil articulam-se com as Diretrizes Curriculares Nacionais da Educação Básica e reúnem princípios, fundamentos e procedimentos definidos pela Câmara de Educação Básica do Conselho Nacional de Educação, para orientar as políticas públicas na área e a elaboração, planejamento, execução e avaliação de propostas pedagógicas e curriculares.

Art. 3º O currículo da Educação Infantil é concebido como um conjunto de práticas que buscam articular as experiências e os saberes das crianças com os conhecimentos que fazem parte do patrimônio cultural, artístico, ambiental, científico e tecnológico, de modo a promover o desenvolvimento integral de crianças de 0 a 5 anos de idade.

Art. 4º As propostas pedagógicas da Educação Infantil deverão considerar que a criança, centro do planejamento curricular, é sujeito histórico e de direitos que, nas interações, relações e práticas cotidianas que vivencia, constrói sua identidade pessoal e coletiva, brinca, imagina, fantasia, deseja, aprende, observa, experimenta, narra, questiona e constrói sentidos sobre a natureza e a sociedade, produzindo cultura.

Art. 5º A Educação Infantil, primeira etapa da Educação Básica, é oferecida em creches e pré-escolas, as quais se caracterizam como espaços institucionais não domésticos que constituem estabelecimentos educacionais públicos ou privados que educam e cuidam de crianças de 0 a 5 anos de idade no período diurno, em jornada integral ou parcial, regulados e supervisionados por órgão competente do sistema de ensino e submetidos a controle social.

§ 1º É dever do Estado garantir a oferta de Educação Infantil pública, gratuita e de qualidade, sem requisito de seleção.

§ 2º É obrigatória a matrícula na Educação Infantil de crianças que completam 4 ou 5 anos até o dia 31 de março do ano em que ocorrer a matrícula.

§ 3º As crianças que completam 6 anos após o dia 31 de março devem ser matriculadas na Educação Infantil.

§ 4º A frequência na Educação Infantil não é pré-requisito para a matrícula no Ensino Fundamental.

§ 5º As vagas em creches e pré-escolas devem ser oferecidas próximas às residências das crianças.

§ 6º É considerada Educação Infantil em tempo parcial, a jornada de, no mínimo, quatro horas diárias e, em tempo integral, a jornada com duração igual ou superior a sete horas diárias, compreendendo o tempo total que a criança permanece na instituição.

Art. 6º As propostas pedagógicas de Educação Infantil devem respeitar os seguintes princípios:

I – Éticos: da autonomia, da responsabilidade, da solidariedade e do respeito ao bem comum, ao meio ambiente e às diferentes culturas, identidades e singularidades.

II – Políticos: dos direitos de cidadania, do exercício da criticidade e do respeito à ordem democrática.

III – Estéticos: da sensibilidade, da criatividade, da ludicidade e da liberdade de expressão nas diferentes manifestações artísticas e culturais.

Art. 7º Na observância destas Diretrizes, a proposta pedagógica das instituições de Educação Infantil deve garantir que elas cumpram plenamente sua função sociopolítica e pedagógica:

I – oferecendo condições e recursos para que as crianças usufruam seus direitos civis, humanos e sociais;

II – assumindo a responsabilidade de compartilhar e complementar a educação e cuidado das crianças com as famílias;

III – possibilitando tanto a convivência entre crianças e entre adultos e crianças quanto a ampliação de saberes e conhecimentos de diferentes naturezas;

IV – promovendo a igualdade de oportunidades educacionais entre as crianças de diferentes classes sociais no que se refere ao acesso a bens culturais e às possibilidades de vivência da infância;

V – construindo novas formas de sociabilidade e de subjetividade comprometidas com a ludicidade, a democracia, a sustentabilidade do planeta e com o rompimento de relações de dominação etária, socioeconômica, étnico-racial, de gênero, regional, linguística e religiosa.

Art. 8º A proposta pedagógica das instituições de Educação Infantil deve ter como objetivo garantir à criança acesso a processos de apropriação, renovação e articulação de conhecimentos e aprendizagens de diferentes linguagens, assim como o direito à proteção, à saúde, à liberdade, à confiança, ao respeito, à dignidade, à brincadeira, à convivência e à interação com outras crianças.

§ 1º Na efetivação desse objetivo, as propostas pedagógicas das instituições de Educação Infantil deverão prever condições para o trabalho coletivo e para a organização de materiais, espaços e tempos que assegurem:

I – a educação em sua integralidade, entendendo o cuidado como algo indissociável ao processo educativo;

II – a indivisibilidade das dimensões expressivo-motora, afetiva, cognitiva, linguística, ética, estética e sociocultural da criança;

III – a participação, o diálogo e a escuta cotidiana das famílias, o respeito e a valorização de suas formas de organização;

IV – o estabelecimento de uma relação efetiva com a comunidade local e de mecanismos que garantam a gestão democrática e a consideração dos saberes da comunidade;

V – o reconhecimento das especificidades etárias, das singularidades individuais e coletivas das crianças, promovendo interações entre crianças de mesma idade e crianças de diferentes idades;

VI – os deslocamentos e os movimentos amplos das crianças nos espaços internos e externos às salas de referência das turmas e à instituição;

VII – a acessibilidade de espaços, materiais, objetos, brinquedos e instruções para as crianças com deficiência, transtornos globais de desenvolvimento e altas habilidades/superdotação;

VIII – a apropriação pelas crianças das contribuições histórico-culturais dos povos indígenas, afrodescendentes, asiáticos, europeus e de outros países da América;

IX – o reconhecimento, a valorização, o respeito e a interação das crianças com as histórias e as culturas africanas, afro-brasileiras, bem como o combate ao racismo e à discriminação; X – a dignidade da criança como pessoa humana e a proteção contra qualquer forma de violência – física ou simbólica – e negligência no interior da instituição ou praticadas pela família, prevendo os encaminhamentos de violações para instâncias competentes.

§ 2º Garantida a autonomia dos povos indígenas na escolha dos modos de educação de suas crianças de 0 a 5 anos de idade, as propostas pedagógicas para os povos que optarem pela Educação Infantil devem:

I – proporcionar uma relação viva com os conhecimentos, crenças, valores, concepções de mundo e as memórias de seu povo;

II – reafirmar a identidade étnica e a língua materna como elementos de constituição das crianças;

III – dar continuidade à educação tradicional oferecida na família e articular-se às práticas sócio-culturais de educação e cuidado coletivos da comunidade;

IV – adequar calendário, agrupamentos etários e organização de tempos, atividades e ambientes de modo a atender as demandas de cada povo indígena.

§ 3º – As propostas pedagógicas da Educação Infantil das crianças filhas de agricultores familiares, extrativistas, pescadores artesanais, ribeirinhos, assentados e acampados da reforma agrária, quilombolas, caiçaras, povos da floresta, devem:

I – reconhecer os modos próprios de vida no campo como fundamentais para a constituição da identidade das crianças moradoras em territórios rurais;

II – ter vinculação inerente à realidade dessas populações, suas culturas, tradições e identidades, assim como a práticas ambientalmente sustentáveis;

III – flexibilizar, se necessário, calendário, rotinas e atividades respeitando as diferenças quanto à atividade econômica dessas populações;

IV – valorizar e evidenciar os saberes e o papel dessas populações na produção de conhecimentos sobre o mundo e sobre o ambiente natural;

V – prever a oferta de brinquedos e equipamentos que respeitem as características ambientais e socioculturais da comunidade.

Art. 9º As práticas pedagógicas que compõem a proposta curricular da Educação Infantil devem ter como eixos norteadores as interações e a brincadeira, garantindo experiências que:

I – promovam o conhecimento de si e do mundo por meio da ampliação de experiências sensoriais, expressivas, corporais que possibilitem movimentação ampla, expressão da individualidade e respeito pelos ritmos e desejos da criança;

II – favoreçam a imersão das crianças nas diferentes linguagens e o progressivo domínio por elas de vários gêneros e formas de expressão: gestual, verbal, plástica, dramática e musical;

III – possibilitem às crianças experiências de narrativas, de apreciação e interação com a linguagem oral e escrita, e convívio com diferentes suportes e gêneros textuais orais e escritos;

IV – recriem, em contextos significativos para as crianças, relações quantitativas, medidas, formas e orientações espaçotemporais;

V – ampliem a confiança e a participação das crianças nas atividades individuais e coletivas;

VI – possibilitem situações de aprendizagem mediadas para a elaboração da autonomia das crianças nas ações de cuidado pessoal, auto-organização, saúde e bem-estar;

VII – possibilitem vivências éticas e estéticas com outras crianças e grupos culturais, que alarguem seus padrões de referência e de identidades no diálogo e reconhecimento da diversidade;

VIII – incentivem a curiosidade, a exploração, o encantamento, o questionamento, a indagação e o conhecimento das crianças em relação ao mundo físico e social, ao tempo e à natureza;

IX – promovam o relacionamento e a interação das crianças com diversificadas manifestações de música, artes plásticas e gráficas, cinema, fotografia, dança, teatro, poesia e literatura;

X – promovam a interação, o cuidado, a preservação e o conhecimento da biodiversidade e da sustentabilidade da vida na Terra, assim como o não desperdício dos recursos naturais; XI – propiciem a interação e o conhecimento pelas crianças das manifestações e tradições culturais brasileiras;

XII – possibilitem a utilização de gravadores, projetores, computadores, máquinas fotográficas, e outros recursos tecnológicos e midiáticos.

Parágrafo único – As creches e pré-escolas, na elaboração da proposta curricular, de acordo com suas características, identidade institucional, escolhas coletivas e particularidades pedagógicas, estabelecerão modos de integração dessas experiências.

Art. 10. As instituições de Educação Infantil devem criar procedimentos para acompanhamento do trabalho pedagógico e para avaliação do desenvolvimento das crianças, sem objetivo de seleção, promoção ou classificação, garantindo:

I – a observação crítica e criativa das atividades, das brincadeiras e interações das crianças no cotidiano;

II – utilização de múltiplos registros realizados por adultos e crianças (relatórios, fotografias, desenhos, álbuns etc.);

III – a continuidade dos processos de aprendizagens por meio da criação de estratégias adequadas aos diferentes momentos de transição vividos pela criança (transição casa/instituição de Educação Infantil, transições no interior da instituição, transição creche/pré-escola e transição pré-escola/Ensino Fundamental);

IV – documentação específica que permita às famílias conhecer o trabalho da instituição junto às crianças e os processos de desenvolvimento e aprendizagem da criança na Educação Infantil;

V – a não retenção das crianças na Educação Infantil.

Art. 11. Na transição para o Ensino Fundamental a proposta pedagógica deve prever formas para garantir a continuidade no processo de aprendizagem e desenvolvimento das crianças, respeitando as especificidades etárias, sem antecipação de conteúdos que serão trabalhados no Ensino Fundamental.

Art. 12. Cabe ao Ministério da Educação elaborar orientações para a implementação dessas Diretrizes.

Art. 13. A presente Resolução entrará em vigor na data de sua publicação, revogando-se as disposições em contrário, especialmente a Resolução CNE/CEB nº 1/99.

REFERÊNCIAS

ALVES, Geania Moreira. Um olhar sensível sobre a prática pedagógica em espaços hospitalares: andragogia. **Revista Científica Multidisciplinar Núcleo do Conhecimento**, ano 5, v. 22, n. 10, p. 5-34, out. 2020.

ALVES, Laís Palhares; SANCHEZ, Claudio. **A inclusão da criança com deficiência na escola**. São Paulo: FTD, 2016.

ARANHA, Maria Lúcia de Arruda. **História da educação e da pedagogia**. São Paulo: Moderna, 2012.

BACCHINI, Isabella Furtado. **O lugar do brincar no desenvolvimento infantil**: diálogos com a aliança pela infância. Disponível em: https://www.ufjf.br/pedagogia/files/2017/12/O-lugar-do-Brincar-no-desenvolvimento-Infantil-Di%C3%A1logos-com-a-alian%C3%A7a-pela-inf%C3%A2ncia.pdf. Acesso em: 10 out. 2021.

BRASIL. Decreto-Lei n.º 1.044/69, de 21 de outubro de 1969. **Diário Oficial da República Federativa do Brasil**, Brasília, 22 out. 1969. Disponível em: http://www.planalto.gov.br/ccivil_03/Decreto-Lei/Del1044.htm. Acesso em: 15 out. 2021.

BRASIL. **Constituição da República Federativa do Brasil de 1988**. Disponível em: http://www.planalto.gov.br/ccivil_03/constituicao/constituicao.htm. Acesso em: 25 set. 2021.

BRASIL. **Lei n.º 8.069, de 13 de julho de 1990**. Dispõe sobre o Estatuto da Criança e do Adolescente, e dá outras providências. Brasília, 13 jul. 1990.

BRASIL. **Direitos da Criança e do Adolescente Hospitalizados**. Resolução nº 41, de 13/10/1995. Brasília: Conselho Nacional dos Direitos da Criança e do Adolescente/Imprensa Oficial, 1995.

BRASIL. **Diretrizes Nacionais para a Educação Especial na Educação Básica**. Resolução nº 2, de 11/09/2001. Brasília: Câmara de Educação Básica do Conselho Nacional de Educação/Imprensa Oficial, 2001.

BRASIL. Lei n.º 11.104, de 21 de março de 2005. Dispõe sobre a obrigatoriedade de instalação de brinquedotecas nas unidades de saúde que ofereçam atendimento pediátrico em regime de internação. Brasília, 21 mar. 2005.

BRASIL. **Referencial Curricular Nacional para a Educação Infantil**. Brasília: MEC/SEF, 1998. v. I.

BRASIL. Resolução CNE/CP 1/2006. **Diário Oficial da União**, Brasília, 11 de setembro de 2011. Disponível em: http://portal.mec.gov.br/cne/arquivos/pdf/rcp01_06.pdf. Acesso em: 10 out. 2021.

BRASIL. **Parecer CNE/CEB n.º 20/2009**. Brasília, 2009. Disponível em: https://normativasconselhos.mec.gov.br/normativa/view/CNE_PAR_CNECEBN202009.pdf?query=INFANTIL. Acesso em: 11 out. 2021.

BRASIL. Ministério da Educação. Secretaria de Educação Especial. **Marcos Político- Legais da Educação Especial na Perspectiva da Educação Inclusiva**. Brasília: Secretaria de Educação Especial, 2010.

BRASIL. Ministério da Educação. **Base Nacional Comum Curricular**. Brasília: MEC, 2018.

CAMPOS, Gleisy Vieira. Classe hospitalar, inclusão e aprendizagem: uma experiência mediada pelas tecnologias da informação e comunicação. **Revista Extensão & Cidadania**, Vitória da Conquista, v. 1, n. 2, p. 21-40, jul./dez. 2013.

CAVALCANTE, Myrian Soares de Moraes; GUIMARÃES, Valéria Maria Azevedo; ALMEIDA, Synara do Espírito Santo. **Pedagogia hospitalar**: histórico, papel e mediação com atividades lúdicas. 2015. Disponível em: https://eventos.set.edu.br/enfope/article/view/126. Acesso em: 1 nov. 2021.

DANTAS, Jacqueline L. L. **"Viver é muito perigoso" – A prática pedagógica hospitalar em tempos de pandemia**: uma reflexão à luz de *Grande Sertão: Veredas*. Disponível em: http://periodicos.pucminas.br/index.php/pedagogiacao/article/view/23766. Acesso em: 25 set. 2021.

FERREIRA, Juliana de Freitas; SILVA Juliana Aguirre da; RESCHKE, Maria Janine Dalpiaz. **A importância do lúdico no processo de aprendizagem.** Disponível em: https://www2.faccat.br/portal/sites/default/files/A%20

IMPORTANCIA%20DO%20LUDICO%20NO%20PROCESSO.pdf. Acesso em: 5 nov. 2021.

FREIRE, Paulo. **Pedagogia da autonomia**: saberes necessários à prática educativa. 49. ed. Rio de Janeiro: Paz e Terra, 2014.

GARCÍA ÁLVAREZ, Antonio. **Escuelas hospitalarias en España, Suecia y Argentina**: evolución y situación contemporánea de las instituciones comprometidas con la educación del niño y adolescente de enfermedad. Disponível em: https://repositorio.uam.es/handle/10486/9114. Acesso em: 11 out. 2021.

INEP. **Manifesto dos pioneiros da Escola Nova**. Disponível em: https://download.inep.gov.br/download/70Anos/Manifesto_dos_Pioneiros_Educacao_Nova.pdf. Acesso em: 15 out. 2021.

LEAL, Florência de Lima. **A importância do lúdico na Educação Infantil**. 2011. Monografia (Graduação em Pedagogia) – Universidade Federal do Piauí, Picos, 2011.

LOSS, Adriana Salete. **Para onde vai a Pedagogia?** os desafios de atuação profissional na Pedagogia Hospitalar. Curitiba: Appris, 2014.

MATOS, Elizete Lúcia Moreira; MUGIATTI, Margarida Maria Teixeira de Freitas. **Pedagogia hospitalar**: a humanização integrando educação e saúde. Petrópolis: Vozes, 2017.

MORIN, Edgar. **A cabeça bem-feita**: repensar a reforma – reformar o pensamento. 8. ed. Rio de Janeiro: Bertrand Brasil, 2003. Disponível em: https://edisciplinas.usp.br/pluginfile.php/5645321/mod_resource/content/1/MORIN%20A%20Cabec%CC%A7a%20Bem-feita%20PAG%20105.pdf. Acesso em: 15 out. 2021.

OLIVEIRA, Cristiano Lessa de. **Um apanhado teórico-conceitual sobre a Pesquisa Qualitativa**: tipos, técnicas e características. Disponível em: file:///C:/Users/50227602/Downloads/3122-11555-1-PB.pdf. Acesso em: 8 out. 2021.

OLIVEIRA, Tyara Carvalho de. **Um breve histórico sobre as classes hospitalares no Brasil e no mundo**. 2013. Disponível em: https://educede.bruc.com.br/ANAIS2013/pdf/9052_5537.pdf. Acesso em: 12 out. 2021.

PEDROSA, Emerson Marinho; LUIZ, Marcia Karina da Silva. **A construção de uma prática educativa através da tecnologia**: um olhar para o ambiente hospitalar. Disponível em: https://www.aunirede.org.br/revista/index.php/emrede/article/view/170/156. Acesso em: 16 out. 2021.

PEREIRA, Rozeli de Fátima Pissaia Gabardo. **Escolarização hospitalar**: um espaço desafiador. Curitiba: Appris, 2017.

PUTTON, Gisele Mariotti; CRUZ, Pollyanna Santos da. A importância da ludicidade no processo de ensino-aprendizagem na educação infantil. **Revista Científica Multidisciplinar Núcleo do Conhecimento**, ano 6, v. 11, n. 5, p. 114-125, maio 2021.

SALES, C. J.; LIMA, D. M., SOUZA, H. O. L. **Pedagogia Hospitalar**: Metas e Desafios para o Pedagogo. Brasil Escola, [s. l.], 2016. Disponível em: https://meuartigo.brasilescola.uol.com.br/pedagogia/pedagogia-hospitalar-metas-desafios-para-pedagogo.htm. Acesso em: 16 out. 2021.

SANDER, Benno. **Administração da Educação no Brasil**: Genealogia do Conhecimento. Brasília: Liber Livro, 2007.

SAVIANI, Dermeval. Formação de professores: aspectos históricos e teóricos do problema no contexto brasileiro. **Revista Brasileira de Educação**, v. 14, n. 40, jan./abr. 2009.

SILVÉRIO, Cláudia Aparecida; RUBIO, Juliana de Alencar S. Brinquedoteca hospitalar: o papel do pedagogo no desenvolvimento clínico e pedagógico de crianças hospitalizadas. **Revista Eletrônica Saberes da Educação**, v. 3, n. 1, 2012.

TAVARES, Bruna Feijó. **A pedagogia no espaço hospitalar**: contribuições pedagógicas a um ambiente de renovação e aprendizagem. 2011. 60 f. Trabalho de Conclusão de Curso (Graduação em Pedagogia) – Centro Universitário de São José, São José, 2017. Disponível em: https://usj.edu.br/wp-content/uploads/2015/08/TCC_Pronto.pdf. Acesso em: 15 nov. 2021.

TOZONI-REIS, Marília Freitas de Campos. **A pesquisa e a produção do conhecimento**. Disponível em: https://graduacao.cederj.edu.br/ava/mod/resource/view.php?id=88564. Acesso em: 8 jun. 2020.